STARK

KOMPAKT-WISSEN
BIOLOGIE

Hans-Dieter Triebel
Zellen und Stoffwechsel
Nerven, Sinne und Hormone
Ökologie

Bildnachweis
Umschlagbild: Julius Ecke, München; info@julius-ecke.de
S. 2: Campbell, N.: Biologie, Spektrum Akademischer Verlag, Heidelberg 1997.
© Pearson Education
S. 70: Rahmann, H., Rahmann, M.: Das Gedächtnis, neurobiologische Grundlagen, J. F. Bergmann Verlag, München, 1988
S. 71 verändert nach: Vesal, A.: De humani corporis fabrica libri septem, Oporinus, Basel 1543
S. 80, 81, 82 (oben): Peter Kornherr, Dorfen
S. 96, 98, 100 (oben): Dr. Ole Müller, www.bioscience-art.de

ISBN 978-3-89449-753-8

© 2011 by Stark Verlagsgesellschaft mbH & Co. KG
www.stark-verlag.de
1. Auflage 2005

Das Werk und alle seine Bestandteile sind urheberrechtlich geschützt. Jede vollständige oder teilweise Vervielfältigung, Verbreitung und Veröffentlichung bedarf der ausdrücklichen Genehmigung des Verlages.

Inhalt

Vorwort

Zellen und Stoffwechsel 1

1 Zellen: Struktur- und Funktionseinheiten aller Organismen . 1
- 1.1 Struktureinheit „Zelle" 1
- 1.2 Zelltypen 3
- 1.3 Stoffliche Zusammensetzung von Zellen 6
- 1.4 Zellbestandteile 15
- 1.5 Zellteilungen 22
- 1.6 Transportvorgänge 23

2 Stoff- und Energiewechsel 28
- 2.1 Lebende Organismen als energetische Systeme 28
- 2.2 Biokatalyse durch Enzyme 30
- 2.3 Stoffwechselformen 35
- 2.4 Fotosynthese 36
- 2.5 Chemosynthese 46
- 2.6 Verdauungsprozesse 46
- 2.7 Zellatmung 48
- 2.8 Gärungen 52
- 2.9 Eiweißstoffwechsel 53
- 2.10 Fettstoffwechsel 55
- 2.11 Sekundärstoffwechsel 56

Nerven, Sinne und Hormone 57

3 Nerven und Nervensysteme 57
- 3.1 Nervenzellen 57
- 3.2 Erregungsleitung am Axon 59
- 3.3 Erregungsleitung an Synapsen 63
- 3.4 Nervensysteme 70
- 3.5 Bau und Funktionen des Zentralnervensystems 71
- 3.6 Erkrankungen des Nervensystems 76

Fortsetzung auf der nächsten Seite

4	**Rezeptoren und Sinnesorgane**	78
	4.1 Rezeptoren	78
	4.2 Lichtsinnesorgane	79
	4.3 Weitere Sinnesorgane	84
5	**Hormone**	85
	5.1 Hormonwirkung und -regulation	86
	5.2 Regulation der Schilddrüsenaktivität	88
	5.3 Regulation des Blutzuckerspiegels	90
	5.4 Stressreaktionen	92
6	**Reizbarkeit bei Pflanzen**	93
	6.1 Phytohormone	93
	6.2 Pflanzenbewegungen	93

Ökologie ... 95

7	**Ökosysteme und Umweltfaktoren**	95
	7.1 Biotope und abiotische Faktoren	96
	7.2 Biozönosen und biotische Faktoren	103
	7.3 Populationsdynamik	105
	7.4 Ökosysteme	109
8	**Mensch und Umwelt**	118
	8.1 Anthropogene Wirkungen auf die Umwelt	118
	8.2 Globale Umweltprobleme	120
	8.3 Umwelt- und Naturschutz	122

Stichwortverzeichnis ... 127

Autor: Hans-Dieter Triebel

Hinweis: Die mit (2) gekennzeichneten Verweise auf weitere relevante Textstellen beziehen sich auf den Band **Kompakt-Wissen Biologie 2** (Genetik und Entwicklung, Immunbiologie, Evolution, Verhalten), Best.-Nummer 94713.

Vorwort

Liebe Schülerinnen und Schüler,

dieser Band aus der Reihe Kompakt-Wissen bietet Ihnen eine kompakte, aber gleichzeitig präzise und umfassende Darstellung des Unterrichtsstoffs der Biologie in den Fachgebieten Zellbiologie, Stoffwechsel, Neurobiologie und Ökologie. Das Kompakt-Wissen Biologie eignet sich daher sowohl ausgezeichnet für den Schulalltag, parallel zu Ihren persönlichen Aufzeichnungen, als auch zur effektiven Vorbereitung auf Klausuren und das Abitur.

- Der Band stellt Ihnen wichtige Fakten und Zusammenhänge der Biologie **schnell und übersichtlich** zur Verfügung.

- Wichtige **Fachbegriffe** der Biologie sind blau hervorgehoben.

- Die prüfungsrelevanten Inhalte werden durch zahlreiche verständliche und schnell erfassbare **Grafiken, Diagramme und Schemata** veranschaulicht.

- Das **umfangreiche Stichwortverzeichnis** ermöglicht Ihnen die gezielte Suche nach bestimmten Begriffen und Inhalten.

- **Querverweise** erleichtern das Auffinden von themenübergreifenden und vertiefenden Darstellungen.

Ich wünsche Ihnen Freude an der Biologie und diesem Band und vor allem viel Erfolg auf dem Weg zum Abitur!

Hans-Dieter Triebel

Zellen und Stoffwechsel

1 Zellen: Struktur- und Funktionseinheiten aller Organismen

Erst 1839 wurde von SCHWANN und SCHLEIDEN eine einheitliche **Zelltheorie** entwickelt und die Zelle als Grundeinheit aller Lebewesen erkannt. Man kann vielzellige Organismen wie folgt strukturieren:

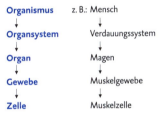

1.1 Struktureinheit „Zelle"

Der Begriff „Zelle" stammt von Robert HOOKE, der um 1665 pflanzliche Zellen unter dem Mikroskop untersuchte und die erkennbaren kleinen Hohlräume *cells* (von lat. *cellula* = kleiner Raum) nannte.

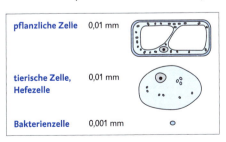

Verschiedene Zellen im lichtmikroskopischen Bild

Licht- und Elektronenmikroskop

Die Entdeckung der subzellulären Strukturen war an die Entwicklung leistungsfähiger Licht- und Elektronenmikroskope gebunden.

Die **Auflösung** (geringster erkennbarer Abstand zweier unterscheidbarer Punkte) eines Mikroskops ist von der Qualität der optischen Gläser und vor allem von der Wellenlänge des zur Betrachtung des Präparates eingesetzten Lichts abhängig. Allgemein gilt: Je kleiner die Wellenlänge, umso besser ist die Auflösung.

Für die Praxis bedeutet dies, dass das **Lichtmikroskop** selbst in Bereichen geringer Wellenlängen (blaues Licht) an die Grenze von 250 nm Auflösung gerät. Zwei Objektpunkte kann man deshalb auch mit einem sehr guten Lichtmikroskop nur dann unterscheiden, wenn sie mindestens einen Abstand von 0,00025 mm besitzen. Mit dieser geringen Auflösung lassen sich z. B. in einem Mitochondrienquerschnitt aber lediglich vier Bildpunkte unterscheiden.

Elektronenmikroskope arbeiten dagegen mit einem Strahl beschleunigter Elektronen. Die Auflösung ist hier besonders von der Geschwindigkeit der Elektronen abhängig und etwa hunderttausendfach höher als im Lichtmikroskop.

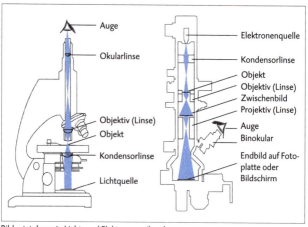

Bildentstehung in Licht- und Elektronenmikroskop

Grundstrukturen von Zellen

Die Gestalt der Zellen ist sehr vielfältig, folgt aber einigen Grundsätzen: Die Einheit von Bau und Funktion ist das übergeordnete Prinzip, sie prägt die Gestalt aller biologischen Einheiten. **Biomembranen** (siehe S. 15) zeigen eine gemeinsame Grundstruktur bei allen Zelltypen und den Kompartimenten (Reaktionsräume innerhalb einer Zelle) der Eukaryoten. Die **Transportsysteme** (siehe S. 25 f.) aller Zellen bestehen aus Eiweißmolekülen des Plasmas oder der Membranen. Durch **Oberflächenvergrößerung** (Ausstülpungen, Faltungen und körnige Strukturen) können Zellen eine größere Anzahl von Enzymen an ihrer Oberfläche binden und dadurch die Stoffwechselrate und die Transportgeschwindigkeit erhöhen.

1.2 Zelltypen

Nach ihrer Organisationsform lassen sich zwei grundsätzliche Zelltypen (Formen) unterscheiden:

Prozyte

Die Prozyte ist eine wenig strukturierte Zelle ohne Kompartimentierung und Chromosomen. Sie ist typisch für Bakterien, Archaebakterien und Cyanobakterien (**Prokaryoten**, griech. *pro*, vor; *karyon*, Kern). Der Name deutet schon auf das Hauptmerkmal der Prozyte, den fehlenden Zellkern, hin. Die Erbsubstanz liegt frei im Plasma bzw. verbunden mit der Zellmembran in Form eines größeren ringförmigen DNA-Moleküls vor, welches auch als **Kernäquivalent** bezeichnet wird. Dazu kommen kleinere ringförmige DNA-Moleküle, die **Plasmide** (siehe (2) S. 38). Die Strukturierung der Prozyte ist generell gering und beschränkt sich auf Membraneinstülpungen und Lamellen. Die Proteinbiosynthese erfolgt frei im Plasma an sogenannten **70 S-Ribosomen**. Viele Prokaryoten können sich durch rotierende Flagellen (Bakteriengeißeln) aktiv fortbewegen.

Die Fortpflanzung der einzelligen Organismen erfolgt ausschließlich ungeschlechtlich durch Teilung der Zellen nach vorheriger Replikation der Erbsubstanz (siehe (2) S. 18 f.). Der Stoffwechsel der meisten Prokaryoten ist sehr vielseitig und ermöglicht ihnen die Besiedlung von Extremstandorten und anderen spezifischen ökologischen Nischen.

4 Zellen und Stoffwechsel

zu zeichnen!

Prokaryot {

Prozyte (Bakterie)

kein Zellkern!

- bakterielle Zellwand **+ Zellmembran**
- Membraneinstülpung
- Ribosomen
- DNA (Bakterienchromosom)
- Bakteriengeißel
- Plasmid

Eukaryoten {

Euzyte – tierische Zelle

- Zellgrenzmembran
- Zellplasma (Zytoplasma)
- Dictyosom (Golgi-Apparat)
- Golgi-Vesikel
- Ribosomen
- Mitochondrium
- Kernpore
- Kernhülle
- Zellkern (Kernplasma)
- Nukleolus
- glattes ER
- raues ER

Euzyte – pflanzliche Zelle

- Zellwand
- Chloroplast
- Tonoplast
- zentrale Vakuole
- Zellgrenzmembran
- Zellplasma (Zytoplasma)
- Dictyosom (Golgi-Apparat)
- Ribosomen
- Golgi-Vesikel
- glattes ER
- Mitochondrium
- Kernpore
- Kernhülle
- Zellkern (Kernplasma)
- Nukleolus
- raues ER

Zelltypen

Besonderheiten

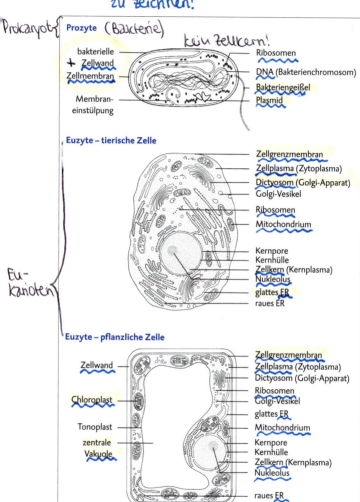

Euzyte

Die Euzyte ist in **Kompartimente** (membranumschlossene Reaktionsräume, Zellorganellen) mit unterschiedlicher Funktion aufgeteilt (siehe S. 4 f.). Das Erbmaterial liegt im **Zellkern** in den linearen DNA-Molekülen der Chromosomen konzentriert vor. Die Proteinbiosynthese erfolgt in räumlicher Trennung von der Transkription und ist an **80 S-Ribosomen** gebunden. Dieser Zellaufbau ist typisch für alle Tiere, Pflanzen, Pilze und Protozoen **(Eukaryoten)**.
Es gibt eine Vielzahl differenzierter Zellen, die arbeitsteilig am Aufbau mehrzelliger Organismen beteiligt sein können. Einfache einzellige Eukaryoten pflanzen sich durch mitotische Teilungen (Mitose) fort (siehe S. 22 f.). Mehrzellige Organismen produzieren Fortpflanzungszellen (Gameten) und durchlaufen ein Embryonalstadium.

Endosymbiontentheorie

Diese Theorie stammt in ihrer modernen Form von Lynn MARGULIS aus dem Jahre 1970. Sie geht von der Hypothese aus, dass die eukaryotischen Zellen aus unspezifischen „Urkaryoten" hervorgegangen sind, die durch **Endozytose** (siehe S. 27) andere frei lebende Protozyten aufgenommen haben, die sich dann im Inneren nach und nach zu Plastiden (z. B. Chloroplasten) bzw. Mitochondrien entwickelt haben.
So kommen als Vorläufer der Chloroplasten der pflanzlichen Zellen ursprüngliche **Cyanobakterien** infrage. Ihr autotropher Stoffwechsel (siehe S. 35) erwies sich für die ursprünglich heterotroph lebende Wirtszelle als evolutionsbiologischer Vorteil für Energiegewinnung und Wachstum.
Der zu dieser Zeit (vor 2–3 Milliarden Jahren) durch die Fotosynthese in zunehmendem Maße produzierte Sauerstoff erwies sich als Problem für die bisher anaerob existierenden heterotrophen Organismen. Einige dieser Protozyten erlangten die notwendige Enzymausstattung, um Sauerstoff für Dissimilationsprozesse (siehe S. 35) verwenden zu können und damit in einer giftigen, aggressiven Atmosphäre mit einer neuen Stoffwechselform, der Atmung, zu überleben. Diese **aeroben Protozyten** könnten ebenfalls in das Plasma der Urkaryoten aufgenommen und dort angepasst worden sein. Das Ergebnis sollten die heutigen Mitochondrien sein.

Es gibt zahlreiche **Belege** für diese Endosymbiontentheorie:
- Auch heute lebende Organismen können andere Zellen relativ leicht durch Endozytose aufnehmen. Das Pantoffeltierchen zum Beispiel

nimmt problemlos einzellige *Chlorella*-Algen als langlebige Endosymbionten in sich auf, obwohl es sich normalerweise von einzelligen Organismen ernährt.
- Die Zusammensetzung der inneren Membranen von Chloroplasten und Mitochondrien stimmt mit der von Protozyten überein, während die äußeren Membranen denen der Euzyten entsprechen.
- Beide Zellorganellen besitzen ein eigenes Genom. Da große Teile des für ihre Funktion benötigten genetischen Materials nicht im Zellkern enthalten sind, können sie immer nur aus sich selbst heraus reproduziert werden (die Chloroplasten und Mitochondrien wären allerdings außerhalb ihrer „Wirtszellen" nicht mehr lebensfähig, da sie einen Anteil ihrer Gene an den Zellkern abgegeben haben).
- Die in den Chloroplasten enthaltene ringförmige DNA ist nahezu identisch mit derjenigen von rezenten (heute lebenden) Cyanobakterien und auch die der Mitochondrien stimmt mit entsprechenden aeroben Bakterienformen überein.
- Die Ribosomen der Chloroplasten und Mitochondrien sind vom prokaryotischen 70 S-Typ. Die Proteinbiosynthese kann durch Antibiotika gehemmt werden, die auch bei Prokaryoten wirken.

1.3 Stoffliche Zusammensetzung von Zellen

Alle Zellen bestehen zu einem hohen Anteil aus Wasser. Weitere wichtige Bestandteile sind organische Verbindungen wie Eiweiße (Proteine), Kohlenhydrate, Fette (Lipide) und die Nukleinsäuren (DNA/RNA). Die unterschiedlichen Zelltypen zeigen typische durchschnittliche Zellzusammensetzungen:

Stoffe (Massen %)	pflanzliche Zelle	tierische Zelle	Bakterienzelle
Wasser	91,0	56,0	80,0
Proteine	1,0	25,0	10,0
Kohlenhydrate	4,0	0,1	4,0
Lipide	0,2	18,0	1,0
Sonstiges,	3,8	0,9	5,0
davon DNA/RNA	< 0,1	< 0,1	4,0

Auffallend sind der hohe Wasseranteil bei Pflanzen, der große absolute Protein- und Fettanteil bei tierischen Zellen und der bedeutende Anteil der DNA an der Gesamtmasse der Prokaryoten. Betrachtet man nur die Trockenmasse, so liegt deren Anteil bei Pflanzen im Mittel unter 9 %, bei Tieren um die 44 % und bei den prozytischen Bakterien unter 20 %. Der genaue Anteil der einzelnen Stoffe ist zusätzlich von der Funktion der Zellen (z. B. in den unterschiedlichen Geweben mehrzelliger Organismen) abhängig.

Wasser stellt einen der Grundpfeiler des Lebens auf der Erde dar. Die spezifische Struktur des Wassermoleküls ist Voraussetzung für eine Vielzahl von biologischen Eigenschaften:
- Wasser ist ein polares Lösungsmittel für anorganische Ionen und eine Vielzahl organischer Moleküle und ist damit ein ideales Transportmittel.
- Wasser ist ein relativ kleines Molekül, das die Biomembranen (über spezifische Tunnelproteine) fast widerstandslos durchdringen kann (siehe S. 23 f.).
- Wasser ist einer der Ausgangsstoffe der autotrophen Assimilationen (siehe S. 42) und damit Nährstoff.
- Wasser hat überragende ökologische Bedeutung (siehe S. 99 f.). Es ist ein wichtiger Lebensraum. Im Wasser ist wahrscheinlich das Leben entstanden. Es hat bei 4 °C seine höchste Dichte, sodass Gewässer nicht vom Grund her gefrieren (Dichteanomalie des Wassers). Die Wassermassen der Meere stabilisieren das Klima und die Erdrotation.

Kohlenstoffatome (C) bestimmen die Grundstrukturen aller organischen Verbindungen. Sie sind relativ klein und reaktionsfähig, ihre Elektronegativität lässt Verbindungen mit anderen Elementen in Form von mehr oder weniger polaren Atombindungen zu. Die gewaltige Vielfalt **organischer Verbindungen** ist damit auf folgende Eigenschaften des Kohlenstoffs zurückzuführen:
- Da es vier Bindungsmöglichkeiten gibt und Kohlenstoffatome mit anderen Kohlenstoffatomen verknüpft werden können, sind fast unbegrenzt viele dreidimensionale C-Grundgerüste denkbar.
- Durch drehbare Einfachbindungen zwischen zwei Kohlenstoffatomen entstehen stereoisomere Verbindungen (Verbindungen mit gleicher Struktur, aber unterschiedlicher räumlicher Anordnung der Atome; Konformationsisomerie). Die Ausbildung von linear angeordneten und unbeweglichen Doppel- bzw. Dreifachbindungen ist eine weitere Möglichkeit der Verknüpfung zweier C-Atome.

- Jedes Kohlenstoffatom in diesen Grundstrukturen kann weitere Atombindungen mit anderen Elementen eingehen, die dann die Eigenschaften der entstandenen Verbindung wesentlich beeinflussen. Dies sind Wasserstoff, Sauerstoff, Stickstoff, Schwefel, Phosphor und andere weniger häufig auftretende Elemente.

Proteine

Proteine (Eiweiße) bestehen im Allgemeinen aus 20 verschiedenen (proteinogenen) **L-Aminosäuren** (AS), die durch Peptidbindungen miteinander verknüpft sind.

Peptidbindung zweier L-Aminosäuren

Jede AS besitzt eine Carboxyl- und eine Aminogruppe, an denen durch Wasserabspaltung die Peptidbindung entstehen kann. Unterschiede gibt es in den spezifischen Kohlenwasserstoffresten. Je nach Beschaffenheit dieser sog. Seitenketten werden die AS in vier Klassen eingeteilt:

neutral, hydrophob (unpolar)	neutral, hydrophil (polar)	sauer, hydrophil (polar)	basisch, hydrophil (polar)
Alanin (Ala)	Asparagin (Asn)	Asparaginsäure (Asp)	Arginin (Arg)
Glycin (Gly)	Cystein (Cys)	Glutaminsäure (Glu)	Histidin (His)
Leucin (Leu)	Glutamin (Gln)		Lysin (Lys)
Isoleucin (Iso)	Serin (Ser)		
Methionin (Met)	Threonin (Thr)		
Phenylalanin (Phe)	Tyrosin (Tyr)		
Prolin (Pro)			
Tryptophan (Trp)			
Valin (Val)			

Die Sequenz (Abfolge) der AS in einem Protein ist in der DNA codiert und wird während der Proteinbiosynthese realisiert (siehe (2) S. 20 ff.). Je nachdem, wie viele AS hierbei durch Peptidbindungen miteinander verknüpft werden, unterscheidet man **Dipeptide** (2 AS), **Oligopeptide** (<10 AS), **Polypeptide** (>10 AS) und **Proteine** (>100 AS).

Beim komplexen Aufbau der Proteine sind vier verschiedene Strukturebenen zu erkennen:
- **Primärstruktur:** Reihenfolge der AS im Molekül (AS-Sequenz)
- **Sekundärstruktur:** räumliche Anordnung der AS-Kette, z. B. als Spirale (α-Helix) oder gefaltet (β-Faltblattstruktur); kommt zustande durch Wasserstoffbrückenbindungen zwischen den an den Peptidbindungen beteiligten H- und O-Atomen

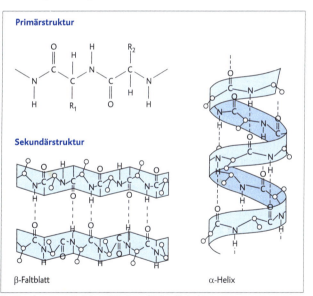

Strukturebenen von Proteinen: Primär- und Sekundärstruktur

- **Tertiärstruktur:** räumliche Anordnung der Sekundärstrukturen in verschiedenen Formen, wird stabilisiert durch Interaktionen der Seitenketten der AS (Wasserstoffbrückenbindungen, hydrophobe Wechselwirkungen, Van-der-Waals-Kräfte, Disulfidbrücken usw.)
- **Quartärstruktur:** Struktur aus verschiedenen tertiären Untereinheiten, teilweise mit Nicht-Eiweiß-Komponenten (z. B. dem eisenhaltigen Farbstoff Häm im Hämoglobin)

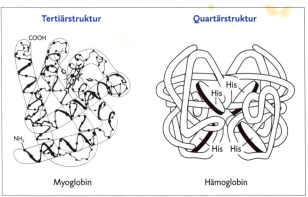

Strukturebenen von Proteinen: Tertiär- und Quartärstruktur

Proteine bestimmen maßgeblich die **Struktur** von Zellen durch das Zytoskelett (siehe S. 21) und in ihrer Funktion als **Enzyme** den Ablauf des Stoffwechsels (siehe S. 31). Sie bewirken als **Translokatoren** den Transport vieler Stoffe über Biomembranen (siehe S. 25 f.). Seltener dienen Proteine auch als **Reservestoffe**.

Kohlenhydrate
Die Gruppe der Kohlenhydrate umfasst vor allem **Zucker** und zuckerähnliche Verbindungen. Sie stellt mengenmäßig den größten Anteil der organischen Verbindungen auf der Erde. Zucker werden nach der Anzahl ihrer (durch glykosidische Bindungen verknüpften) Einzelbausteine in **Mono-, Di-, Oligo- und Polysaccharide** eingeteilt.
Kohlenhydrate sind Bestandteile der **Zellwand** und von **Biomembranen** (siehe S. 15) und dienen außerdem als **Reserve- und Speicherstoffe**.

Zellen: Struktur- und Funktionseinheiten aller Organismen / 11

Verbindung	Formel	Vorkommen/Funktion
Monosaccharide		
D-Glucose	$C_6H_{12}O_6$	α-Glucose: Primärprodukt der Fotosynthese, zentrales Stoffwechselmolekül, Monomer der Maltose, der Saccharose und der Stärke β-Glucose: Stereoisomer** der α-Glucose, Monomer der Cellulose
β-D-Fructose	$C_6H_{12}O_6$	Isomer* der Glucose, Monomer der Saccharose
Disaccharide		
Maltose	$C_{12}H_{22}O_{11}$	Dimer aus α-D-Glucose
Cellobiose	$C_{12}H_{22}O_{11}$	Dimer aus β-D-Glucose

*Isomer: gleiche Summenformel, unterschiedliche Abfolge der Atome
**Stereoisomer: spiegelbildliches Molekül (gleiche Summenformel, gleiche Abfolge, unterschiedliche räumliche Anordnung)

Saccharose	$C_{12}H_{22}O_{11}$	Dimer aus α-D-Glucose und β-D-Fructose

Polysaccharide

Stärke	pflanzlicher Reservestoff, aufgebaut aus
	• 15–25 % Amylose: lineare, schraubenförmige Verknüpfung von < 500 α-D-Glucose-Molekülen
	• 75–85 % Amylopektin: regelmäßig (an ca. jedem 25. Glucoserest) am 6. Kohlenstoffatom verzweigte Kette aus > 2000 α-D-Glucose-Molekülen
Cellulose	Zellwandbestandteil, fadenförmige Verbindung von >10000 β-D-Glucose-Molekülen
Glykogen	Speicherstoff tierischer Zellen, stark (an jedem 10. Glucoserest) am 6. Kohlenstoffatom verzweigte Kette aus 5000 – 100000 α-D-Glucose-Molekülen

Lipide

Lipide umfassen die Gruppe der **Fette** (Triglyceride) und fettähnlichen Substanzen. Fette sind Ester aus Glycerin (1,2,3-Propantriol) und drei meist unterschiedlichen Fettsäuren.

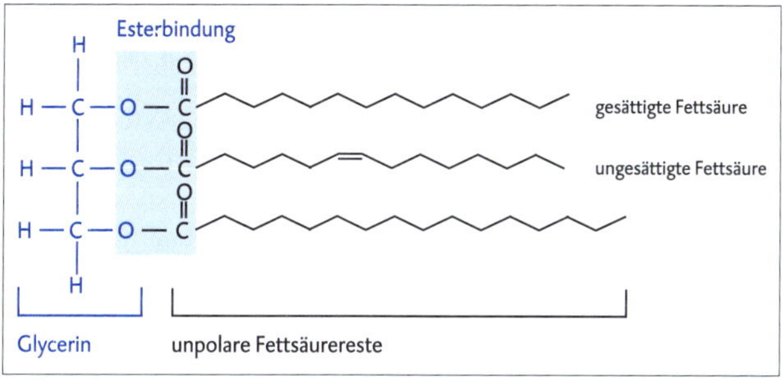

Triglyceride

Die Fettsäuren der tierischen und pflanzlichen Fette haben zwischen 10 und 20 C-Atome. Bei der Veresterung von vorwiegend **gesättigten Fettsäuren** (enthalten nur Einfachbindungen –C–C–, z. B. Palmitinsäure C_{16}, Stearinsäure C_{18}) bilden sich feste Fette. Wenn **ungesättigte Fettsäuren**, die Mehrfachbindungen (–C=C–, z. B. Ölsäure C_{18}) enthalten, eingebaut werden, entstehen fette Öle.

Fette dienen als Reserve- und **Speicherstoffe** sowie zur **Wärmeisolation**. Phospholipide, Ester von Phosphoglycerin (plus Alkoholgruppe, –R) mit zwei meist ungesättigten Fettsäuren, sind Bestandteile von **Biomembranen** (siehe S. 15).

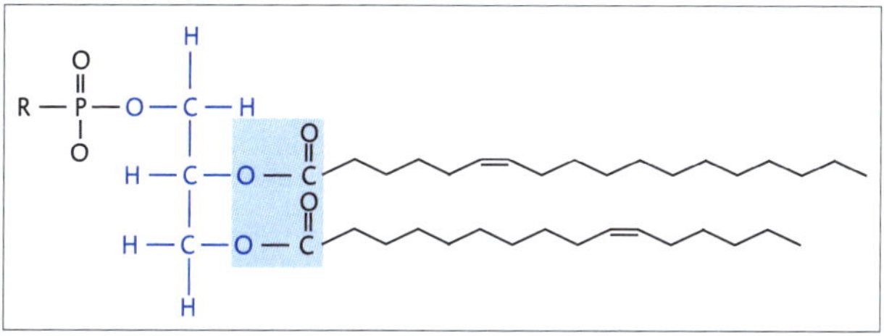

Phospholipid

Nukleotide

Die aus Base, Zucker und Phosphatrest(en) aufgebauten Nukleotide sind in Form von Adenosintriphosphat (ATP), Nicotinamidadenindinukleotid(phosphat) NAD(P)+ oder Flavinadenindinukleotid (FAD) die universalen **Energie- und Wasserstoffüberträger** im Zellstoffwechsel (siehe S. 42 f., 50 f.).

Zu langen Ketten verknüpft sind Nukleotide **Träger der Erbinformation**, die in der DNA bzw. RNA durch die Abfolge (Sequenz) der Basen Adenin, Thymin (DNA) bzw. Uracil (RNA), Guanin und Cytosin codiert ist (siehe (2) S. 16 f.).

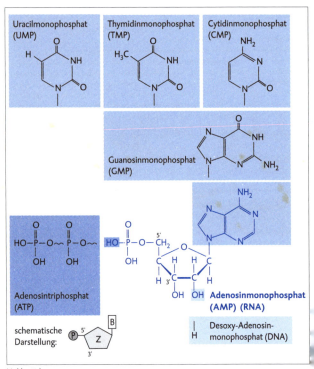

Nukleotide

1.4 Zellbestandteile

Neben den in Kap. 1.3 genannten chemischen Bausteinen haben alle lebenden Zellen auch einige **Grundstrukturen** gemeinsam:

Biomembranen (gute Zeichnung im Heft)
Lipiddoppelschichten bilden die Grenzflächen aller Zellen und der darin enthaltenen Kompartimente.
Die Bildung und Anordnung der Lipiddoppelschicht wird durch die unterschiedliche Polarität in Fettmolekülen erklärbar (siehe S. 13). Die unpolaren Kohlenwasserstoffketten sind **hydrophob** (Wasser abstoßend) und lagern sich zueinander gewandt im Zentrum einer Biomembran an. Der **hydrophile** (Wasser liebende) Bereich zeigt in einer Doppellipidschicht immer nach außen.
In und auf einer solchen Biomembran befinden sich meist **Proteinmoleküle** mit unterschiedlicher Struktur und Funktion (siehe S. 8 ff., 25 f.). Biomembranen bilden nach dem **Fluid-Mosaic-Modell** von SINGER und NICOLSON zähflüssige Strukturen, die sich ständig verändern und in denen die Proteinmoleküle zu schwimmen scheinen.
Auf der nach außen gewandten Seite der Zellgrenzmembran befindet sich die **Glykokalyx** (Biomembranen innerhalb einer Zelle haben keine Glykokalyx). Sie besteht aus Kohlenhydratketten, die an Membranlipide (Glykolipide) und an Membranproteine (Glykoproteine) gebunden sind. Die Glykokalyx bestimmt damit wesentlich die Oberflächenstruktur von Zellen.

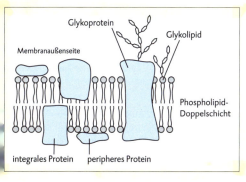

Modell einer Zellmembran

Zytoplasma

Das Zytoplasma oder Zellplasma ist das zentrale Kompartiment einer Zelle und wird von der Zellmembran **(Plasmalemma)** begrenzt. Es besteht zu zwei Dritteln aus Wasser. Proteine sind mit etwa 20 % in Form des Zytoskeletts und verschiedener Enzyme vertreten. Der Rest besteht aus unterschiedlichen Kohlenhydraten, Fetten, anorganischen Ionen und wasserlöslichen organischen Molekülen.

Im Zytoplasma laufen eine Vielzahl von **Synthesen**, wie z. B. die Protein- und Glykogensynthese, ab. Der **Transport** von Stoffen und Informationen ist ebenfalls meist an das Zytoplasma gebunden.

Ribosomen

Diese sehr kleinen, komplexen Moleküle ohne Membranstrukturen bestehen aus ca. 80 Proteinmolekülen und bis zu vier r(ibosomalen)RNA-Molekülen, die in einer großen und einer kleinen Untereinheit strukturiert sind. Die Ribosomen der Pro- und Eukaryoten unterscheiden sich in ihrer Größe (siehe S. 3, 5).

In einer Zelle gibt es mehrere zehntausend Ribosomen, die frei im Plasma oder in eukaryotischen Zellen auch an das raue ER gebunden vorliegen können. An den Ribosomen findet die **Proteinbiosynthese** statt (Funktion der A- und P-Stelle siehe (2), S. 21).

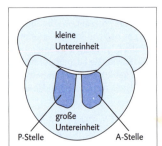

Ribosom

Durch Membranen abgetrennte **Kompartimente** sind den eukaryotischen Zellen vorbehalten (siehe S. 5). Tierische und pflanzliche Zellen haben viele Grundstrukturen gemeinsam.

Zellkern

Dieses Kompartiment ist von einer **doppelten Membran** umgeben. Die äußere Membran und der Membranzwischenraum gehen fließend in das endoplasmatische Retikulum (siehe S. 17) über. Zahlreiche **Kernporen** in der Membran stellen die Verbindung zum Zytoplasma her.

Der Zellkern enthält in Form des Chromatins (Komplex aus DNA und Histon-Proteinen) die gesamte **Erbinformation** über Bau und Funktion der Zelle (außer der plastidären und mitochondrialen DNA) und ist damit Ausgangspunkt der Genexpression (siehe (2) S. 20 ff.). Die Kernkörperchen (**Nukleoli**) sind Syntheseorte für Ribosomenvorstufen.

Endoplasmatisches Retikulum (ER)

Dieses System von miteinander verbundenen Kavernen (Höhlen) aus abgeflachten Vesikeln (Membranbläschen, Zisternen) durchzieht von der äußeren Kernmembran ausgehend das gesamte Zytoplasma. Es gibt zwei ineinanderfließende Formen: das **raue ER**, das auf der Plasmaseite dicht mit Ribosomen besetzt ist, und das **glatte ER**, das keine Ribosomen auf der Oberfläche besitzt.

Das ER ist **Syntheseort** für Proteine (Exportproteine und Membranproteine) und bei tierischen Zellen auch für Membranlipide. Weiterhin ist es ein weit verzweigtes **Transportsystem** innerhalb einer Zelle und zwischen den Zellen.

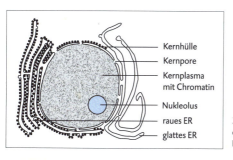

Zellkern und endoplasmatisches Retikulum

Golgi-Apparat

Ein Stapel von abgeflachten und nicht miteinander verbundenen Vesikelkavernen, den Zisternen, wird als **Dictyosom** bezeichnet.

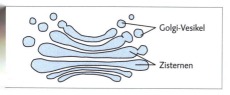

Dictyosom

Die Gesamtheit aller Dictyosomen einer Zelle nennt man **Golgi-Apparat**. Er ist eine Art **Verarbeitungs- und Umschlagzentrale** für Stoffe unterschiedlicher Herkunft. Transportvesikel sichern die Verbindung zwischen den Dictyosomen und dem ER sowie zwischen dem Zellinneren und der Umgebung. In den Dictyosomen werden vom ER in Vesikeln angelieferte Stoffe wie Proteine und Polysaccharide gespeichert und chemisch verändert, sozusagen „exportfertig" gemacht.

Vesikel
Die **Lysosomen** sind Vesikel in tierischen Zellen, die Verdauungsenzyme beinhalten und in denen die intrazelluläre Verdauung abläuft (siehe S. 27). Microbodies sind ebenfalls kleine membranbegrenzte Kompartimente. Dazu gehören u. a. die **Peroxisomen** und **Glyoxysomen**, die am Fettsäureabbau beteiligt sind.

Mitochondrien
Die Mitochondrien sind lichtmikroskopisch gerade noch sichtbare Zellorganelle, die von einer äußeren Hüllmembran und einer stark gefalteten inneren Membran (Cristae oder Tubuli) umgeben sind. In der inneren Membran befinden sich die Enzymkomplexe der Atmungskette. Zwischen beiden Membranen befindet sich ein extraplasmatisches Kompartiment **(perimitochondrialer Raum)**, im Innenraum der Mitochondrien **(Matrix)** liegen die mitochondriale DNA (ringförmige **mt-DNA**) sowie ein vollständiger Proteinsynthese-Apparat vor: spezifische RNAs, tRNAs und 70 S-Ribosomen.

In den Mitochondrien finden wichtige Schritte der **Zellatmung** statt (siehe S. 48–52).

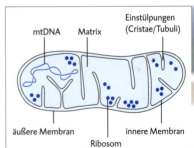

Mitochondrium

Neben den o. g. Komponenten, die fast allen eukaryotischen Zellen gemeinsam sind, gibt es auch einige weitere Zellbestandteile, die **typisch für pflanzliche bzw. tierische Zellen** sind:

Chloroplasten

Die fotosynthetisch aktiven Plastiden der grünen Pflanzenzellen sind Organellen, die wie die Mitochondrien eigene spezifische plastidäre (pt)DNA, mRNA, tRNA und Ribosomen im Matrixbereich (auch **Stroma** genannt) besitzen. Die innere Membran ist in abgeflachte und ins Stroma hineinreichende Bläschen gefaltet, die als **Thylakoide** bezeichnet werden. Granathylakoide sind Membranbläschen, die geldrollenartig dicht übereinander liegen, Stromathylakoide liegen dagegen einlagig vor. In den Chloroplasten findet die **Fotosynthese** statt, deren Primärprodukt Glucose meist in Assimilationsstärke umgewandelt und als Stärkekörner gespeichert wird (siehe S. 44).

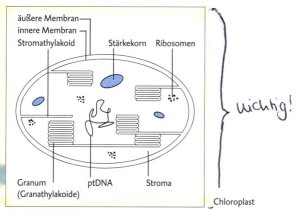

Chloroplast

Außer den Chloroplasten gibt es in Pflanzenzellen noch verschiedene andere Plastidenformen mit unterschiedlichen Funktionen, z. B. **Amyloplasten** (Stärkespeicher), **Chromoplasten** (Blattfärbung), **Leukoplasten** (farblose Plastiden fotosynthetisch inaktiver Gewebe, werden meist in Speicherplastiden umgewandelt). Alle Plastidenformen sind aus Proplastiden hervorgegangen, die sich von anderen Plastiden abgeschnürt haben, und sind teilweise ineinander umwandelbar.

Vakuolen

Pflanzenzellen enthalten meist eine große zentrale Vakuole, ein von einer besonderen Membran **(Tonoplast)** umgebenes Kompartiment. Der Inhalt besteht zum größten Teil aus Wasser mit sehr verschiedenen gelösten Stoffen. Diese sind teilweise temporär vorhanden, z. B. **Reservestoffe** wie Saccharose und Speicherproteine. Ständig benutzt werden die Vakuolen als Speicher für **sekundäre Pflanzenstoffe** (z. B. Farbstoffe, siehe S. 38 ff.), **Stoffwechselendprodukte**, die durch die Pflanze nicht ausgeschieden werden können, oder wasserlösliche **Vitamine**. Ein Teil der durch die Zelle aufgenommenen Stoffe wird durch lytische Enzyme der Vakuole „**verdaut**". Außerdem reguliert die osmotisch erzeugte Innenspannung in der manchmal bis zu 90 % des Zellvolumens einnehmenden Zentralvakuole zusammen mit der Zellwand der pflanzlichen Zellen den Zellinnendruck (**Turgor**, siehe S. 25).

Zellwand

Dieses **stützende und strukturbildende Element** pflanzlicher Zellen baut sich ausgehend von der Zellmembran in verschiedenen Wandstrukturen auf:

- Die **Mittellamelle** entsteht aus der Trennmembran nach der Zellteilung (Primordialwand) durch die Einlagerung von Pektinen und bildet später die Grenzschicht zwischen den benachbarten Zellwänden.
- Die **Primärwand** wird zwischen Mittellamelle und Plasmalemma nach innen angelegt und besteht aus gebündelten Cellulosemolekülen (Mikrofibrillen) in unregelmäßiger Streuungstextur.
- Die **Sekundärwand** schließt sich nach innen an und besteht aus geordneten Mikrofibrillen in Paralleltextur. Zur Erhöhung der Festigkeit sind in die Sekundärwand verschiedene Stoffe wie Lignin (Holzstoff) und Suberin (Korkstoff) eingelagert.
- Die **Tertiärwand** (Abschlusslamelle) bildet eine dünne Trennschicht aus Cellulosefasern zum Plasmalemma.

Der Kontakt zu benachbarten Zellen wird über **Plasmodesmen** hergestellt. Das sind Plasmafäden des ER, die durch Öffnungen der Zellwand (**Tüpfel**) die Verbindung und den Stoffaustausch mit anderen Zellen ermöglichen. An Stellen ohne unmittelbaren Kontakt der Zellwände entstehen Hohlräume, die sog. **Interzellularen**, die vielfältige Transportaufgaben erfüllen können.

Am bekanntesten sind wohl die Interzellular-Räume in den Laubblättern, die dem Gastransport dienen (siehe S. 37).

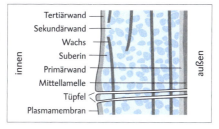

Zellwandaufbau

Mikrotubuli

Diese röhrenförmigen Tunnelproteine sind in allen eukaryotischen Zellen am Aufbau des **Zytoskeletts** und an der Ausbildung der **Spindelapparate** bei der Zellteilung beteiligt.

Zentriolen bestehen aus 27 Mikrotubuli, die in neun Dreierpaketen zylinderförmig angeordnet sind. Bei Tierzellen bilden immer zwei Zentriolen ein im rechten Winkel zueinander angeordnetes Paar im Zentrum des Spindelpols. Außerdem stellen Zentriolen die Basis für **Geißeln** dar, die bei eukaryotischen Einzellern und Spermien der Fortbewegung dienen.

Deshalb findet man sie auch bei Geißel tragenden Algen und vielen beweglichen Fortpflanzungskörpern von Pilzen, Moosen und Farnen.

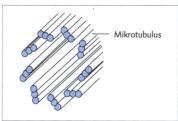

Zentriol

Mikrovilli

Einige spezialisierte tierische Zelltypen haben eine Mikrovilli, d. h. einen Stäbchensaum, der aus **Membranausstülpungen** besteht. Die resorbierende Oberfläche wird hierdurch um etwa 30% vergrößert, z. B. bei Schleimhautzellen (Epithel) des Darms.

Mikrovilli

1.5 Zellteilungen

Die Vermehrung von einzelligen Eukaryoten, Wachstumsprozesse von Mehrzellern (z. B. während der Embryonalentwicklung) und der Ersatz von Zellen in einem mehrzelligen Organismus erfolgen über Zellteilungen, die mit der identischen Weitergabe des Erbguts der Mutterzelle an die Tochterzellen verbunden sind. Der eigentlichen Teilung der Zelle geht die Kernteilung, die sog. **Mitose**, voraus.

Bei Eukaryoten liegt das Erbgut in Form der Chromosomen vor (siehe (2), S. 7). Die identischen Spalthälften der Chromosomen, die (Schwester-)Chromatiden, werden bei der Mitose gleichmäßig auf die Tochterzellen verteilt. Die Chromatiden werden anschließend in der **Interphase** vor der nächsten Zellteilung wieder verdoppelt. Mitose und Interphase bilden zusammen den **Zellzyklus**.

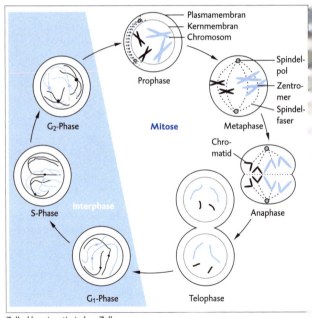

Zellzyklus einer tierischen Zelle

- **Prophase:** Die Chromosomen verdicken sich (Spiralisierung), die Kernhülle und das Kernkörperchen lösen sich auf und der Spindelapparat wird gebildet.
- **Metaphase:** Die Chromosomen werden durch die Spindelfasern in der Äquatorialebene der Zelle ausgerichtet.
- **Anaphase:** Die Chromosomen werden an den Zentromeren in die Schwesterchromatiden aufgetrennt, die durch die Spindelfasern zu den entgegengesetzten Spindelpolen gezogen werden.
- **Telophase:** Der Spindelapparat wird wieder abgebaut, die beiden Zellen schnüren sich ab und bilden eine neue Kernhülle aus.
- **G_1-Phase:** Genexpression (siehe (2) S. 20 ff.)
- **S-Phase:** Durch identische Replikation der DNA (siehe (2) S. 18 f.) entstehen wieder Zwei-Chromatid-Chromosomen.
- **G_2-Phase:** Pause in der DNA-Synthese, Vorbereitung einer neuen Mitose.

Zur Bildung von Geschlechtszellen (Gameten) bei der sexuellen Fortpflanzung eukaryotischer Organismen gibt es eine spezielle Zellteilungsform, die **Meiose**. Dabei wird der Chromosomensatz der Zelle halbiert und die homologen Chromosomen werden zufällig auf die Tochterzellen aufgeteilt (siehe (2) S. 9 ff.).

1.6 Transportvorgänge

Die lebensnotwendigen Transportvorgänge zum Stoffaustausch mit der Umgebung erfolgen durch Membranen meist gerichtet und spezifisch. Nur sehr wenige kleine unpolare Moleküle oder Gase können sich sozusagen grenzenlos ausbreiten.

Diffusion und Osmose

Als **Diffusion** bezeichnet man die irreversible Vermischung von Molekülen in Flüssigkeiten oder Gasen, die entlang eines Konzentrationsgefälles (Gradienten) erfolgt und zum Konzentrationsausgleich führt.
Die Grundlage für diese ständige Vermischung unterschiedlicher Komponenten (z. B. Ionen, Zuckermoleküle, Hormone usw.) bildet die **Brownsche Molekularbewegung**, die stetige ungerichtete Wärmebewegung aller Teilchen. Da die Zelle für eine Stoffverteilung durch Diffusion keine Energie aufbringen muss, handelt es sich um eine **passive Transportform**. Die Geschwindigkeit der Diffusion ist vor allem von der Molekülgröße und -masse, der Löslichkeit sowie dem Konzen-

trationsgradienten des Stoffes und der Temperatur abhängig. Diffusionsvorgänge sorgen zum Beispiel für die Versorgung von Enzymen mit neuem Substrat und für die Verteilung der Produkte.

Osmose ist die durch eine Biomembran eingeschränkte, einseitige Diffusion. Biomembranen sind **semipermeabel** (halbdurchlässig) und lassen nur wenige kleine Moleküle (z. B. Wasser und einige andere darin gelöste Stoffe) relativ frei passieren. Andere Moleküle können aufgrund ihrer Größe oder Ladung die Membran nicht ohne Weiteres durchdringen.

Wasserlösliche Moleküle wie Ionen und Monosaccharide, die von einer semipermeablen Membran zurückgehalten werden, sind **osmotisch wirksam**. Wasser wird in Richtung seines Konzentrationsgradienten von der Membranseite mit dem geringeren Anteil an osmotisch wirksamen Molekülen **(hypotonische Lösung)** auf die Membranseite mit dem größeren Anteil osmotisch wirksamer Stoffe und relativ weniger Wassermolekülen **(hypertonische Lösung)** strömen. Das Ergebnis ist ein ausgeglichenes Konzentrationsverhältnis **(isotonische Lösungen)**.

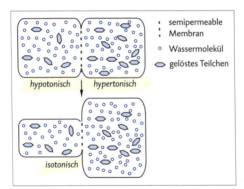

Osmose

Plasmolyse und Deplasmolyse

Wird in die Vakuole einer Pflanzenzelle (wegen der darin gelösten Stoffe eine im Vergleich zum Außenmilieu normalerweise hypertonische Lösung) Wasser aufgenommen, so wird zunehmend ein Druck auf die wenig elastischen Cellulose-Fasern der Zellwand ausgeübt. Es baut sich ein Gegendruck auf, der die Wasseraufnahme zum Erliegen bringt. Die ses dynamische Gleichgewicht erhält als **Turgor** (Zellinnendruck) die Spannung in pflanzlichen Geweben aufrecht.

Tierische Zellen, die nicht durch eine Zellwand stabilisiert werden, können bei massiver Wasseraufnahme aus einer hypotonischen Außenlösung platzen (z. B. rote Blutkörperchen in destilliertem Wasser). Werden Zellen dagegen einer stark hypertonischen Lösung (z. B. Kochsalz- oder Zuckerlösungen) ausgesetzt, schrumpft das Zellvolumen durch osmotischen Wasserverlust. Bei pflanzlichen Zellen kommt es dann vor, dass Plasma- und Vakuolenvolumen so stark verringert werden, dass sich das Plasmalemma von der Zellwand ablöst und der entstandene Raum zunehmend durch die hypertonische Außenlösung eingenommen wird **(Plasmolyse)**. Bei nicht zu starker Schädigung der Zelle kann dieser Effekt durch das Ersetzen der hypertonischen durch eine hypotonische Lösung (z. B. destilliertes Wasser) wieder umgekehrt werden **(Deplasmolyse)**.

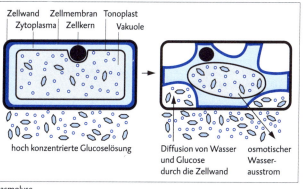

Plasmolyse

Proteingebundene Transportformen

Große oder elektrisch geladene Moleküle und Ionen können Lipiddoppelschichten nicht durchdringen. Auch Wasser und andere kleine hydrophile Moleküle können nur relativ langsam durch die hydrophoben Lipiddoppelschichten hindurch diffundieren. Fast alle hydrophilen Moleküle werden daher mithilfe von speziellen **Transportproteinen** in die Zelle aufgenommen. Es handelt sich hierbei um integrale Membranproteine **(Translokatoren)**, die meist substratspezifisch einen bestimmten Stoff transportieren. Es gibt aber auch den gleichzeitigen (gekoppelten) Transport mehrerer Substrate durch das gleiche Membranprotein. Hierbei unterscheidet man zwischen **Symport**, bei dem zwei Moleküle in dieselbe Richtung transportiert werden, und **Antiport**, bei dem ein Molekül gegen ein anderes (oder mehrere andere) ausgetauscht wird.

Der Transport von Molekülen durch Membranproteine kann passiv in Richtung eines Konzentrationsgefälles erfolgen. Man spricht dabei von katalysierter oder **erleichterter Diffusion**. Die Diffusionsrate kann durch die Translokatoren im Vergleich zur freien Diffusion stark erhöht werden. Allerdings ist die Funktionalität der Transportproteine durch Umwelteinflüsse wie Temperaturschwankungen, pH-Wert-Veränderungen sowie spezifische Hemmstoffe stark beeinflussbar.

Der rein passive Transport von Wasser und verschiedenen darin gelösten Ionen erfolgt über die **Porenproteine** (röhrenförmige Tunnelproteine). Der Ionentransport kann dabei meist durch Änderung der Konformation von der offenen in die geschlossene Form gesteuert werden (z. B. spannungsabhängige **Ionenkanäle** der Nervenzellen, siehe S. 60).

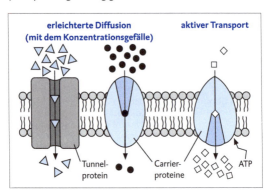

Transportproteine

Eine zweite Möglichkeit des Transports stellen spezifische **Carrierproteine** dar, die den zu transportierenden Stoff an einer Membranseite aufnehmen und durch Änderungen ihrer Konformation zur Gegenseite transportieren. Dies kann sowohl passiv entlang eines Konzentrationsgradienten als auch aktiv unter Energieverbrauch erfolgen. Stoffe können aktiv entgegen ihrem Konzentrationsgefälle über eine Membran gepumpt werden, wenn dieser Transport durch eine Energie liefernde Reaktion, wie die ATP-Spaltung, angetrieben wird (z. B. Natrium-Kalium-Pumpe, siehe S. 60).

Membrangebundene Transportformen

Innerhalb einer Zelle und zwischen der Zelle und ihrer Umgebung sind Transporte mithilfe von Membranbläschen, den **Vesikeln**, möglich. Das zu transportierende Material wird dazu in einen sich abschnürenden Teil einer Biomembran eingeschlossen.

Bei der **Endozytose** werden feste Partikel (Phagozytose) oder Flüssigkeiten (Pinozytose) durch Vesikelbildung des Plasmalemmas in die Zelle aufgenommen. Beim umgekehrten Vorgang, der **Exozytose**, verschmilzt ein vom Golgi-Apparat abgeschnürtes Membranbläschen mit der Zellmembran und gibt seinen Inhalt so nach außen ab.

Bei Einzellern dient dieses System hauptsächlich der **Nahrungsbeschaffung** und der intrazellulären Verdauung. Bei höheren Lebewesen erfolgt meist eine durch spezifische Rezeptoren vermittelte Endozytose zum Abbau und zur Deponierung von körpereigenen oder körperfremden Zellen oder Molekülen (z. B. bei der **Immunabwehr**).

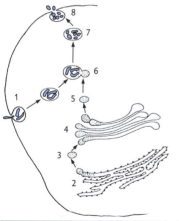

1 Aufnahme der Partikel durch Phagozytose
2 Synthese von Lysozym u. a. Verdauungsenzymen am rauen ER
3 Transport der Enzyme in Vesikeln zum Golgi-Apparat
4 Umbau der Enzyme im Dictyosom
5 Abschnüren von Golgi-Vesikel mit Verdauungsenzymen (= Lysosom)
6 Verschmelzen des Nahrungsvesikels mit dem Lysosom
7 Verdauung der Partikel im Nahrungsvesikel
8 Abgabe der Reste durch Exozytose

Intrazelluläre Verdauung

2 Stoff- und Energiewechsel

Lebewesen und ihre kleinsten lebensfähigen Struktureinheiten, die Zellen, sind **thermodynamisch offene Systeme**, die auf eine ständige Zufuhr von Energie aus der Umgebung angewiesen sind. Die primären Energiequellen sind das Sonnenlicht bzw. für einige Bakterien anorganische Verbindungen (**Assimilation**, siehe S. 35). Neben den Struktur erhaltenden und Wachstum ermöglichenden Stoffwechselprozessen sind es vor allem Bewegung und Transportvorgänge, für die ständig Energie bereitgestellt werden muss.

2.1 Lebende Organismen als energetische Systeme

Thermodynamische Grundlagen
Nach dem 1. Hauptsatz der Thermodynamik, dem **Energieerhaltungssatz**, kann Energie in einem abgeschlossenen System weder geschaffen noch vernichtet, sondern nur von einer Form in eine andere umgewandelt werden. Der 2. Hauptsatz der Thermodynamik beschreibt, dass in einem geschlossenen System mit konstantem Energieinhalt die **Entropie**, das Maß für die „thermodynamische Unordnung", stetig zunimmt. Die Entropie verringert sich z. B. durch den Einbau zellfremder Stoffe in die höher geordneten Strukturen eines Organismus. Daher verbrauchen lebende Systeme für die Erhaltung ihres „Ordnungszustandes" kontinuierlich Energie.

Durch die Zu- und Abfuhr von Energie und Stoffen aus einem offenen System entsteht ein **Fließgleichgewicht**, das gewährleistet, dass prinzipiell reversible biochemische Reaktionen in eine bestimmte Richtung ablaufen. Reaktionsprodukte und die darin enthaltene Energie werden in einer Kette gekoppelter biochemischer Reaktionen verbraucht und letztendlich ausgeschieden. Nur dadurch ist die vollständige Umwandlung von Stoffen und die damit verbundene Arbeitsleistung eines Organismus möglich.

Für die energetische Betrachtung der einzelnen in einem System ablaufenden biochemischen Reaktionen gilt der Zusammenhang der Gibbs-Helmholtz-Gleichung:

$\Delta_R G = \Delta_R H - T \cdot \Delta_R S$

$\Delta_R H$ ist die bei einer Reaktion auftretende Änderung der **Reaktionsenthalpie**, der inneren Energie eines Systems bei konstanter Temperatur und konstantem Druck. Ein positiver Wert für die Reaktionsenthalpie ($\Delta_R H > 0$) bedeutet, dass während der Reaktion durch die beteiligten Stoffe Energie aus der Umgebung aufgenommen wurde; die Reaktion ist **endotherm**. Bei einem negativen Wert ($\Delta_R H < 0$) wird Energie freigesetzt und es handelt sich um eine **exotherme** Reaktion.

Das Produkt aus Temperatur und Entropieänderung ($T \cdot \Delta_R S$) beschreibt die Änderung des Energiegehaltes bei Ordnung zerstörenden oder aufbauenden Prozessen während einer biochemischen Reaktion. Erniedrigt sich die Entropie, erniedrigt dies die für den biochemischen Prozess zur Verfügung stehende Energie.

Erst die Differenz aus Enthalpie- und Entropieänderung, die Gibbssche oder **freie Energie** $\Delta_R G$, entscheidet darüber, ob eine Reaktion spontan abläuft oder nicht. Ist $\Delta_R G > 0$, so ist die Reaktion **endergonisch** und läuft nicht freiwillig ab. Bei einem negativen Wert ($\Delta_R G < 0$) ist sie entsprechend **exergonisch** und damit freiwillig ablaufend. Allerdings muss zum Start einer Reaktion immer eine „energetische Hemmschwelle" durch Zufuhr von **Aktivierungsenergie** überwunden werden.

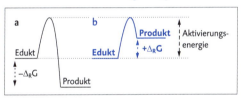

Exergonische (a) und endergonische (b) Reaktion

Energetische Kopplung

Viele biochemische Reaktionen sind endergonisch und laufen nur durch Kopplung mit einem Energie liefernden exergonischen Vorgang ab.

Der wichtigste frei transportierbare und **universelle Energieüberträger** ist die energiereiche Phosphatverbindung Adenosintriphosphat (**ATP**, siehe S. 14). In den Bindungen zwischen den drei Phosphatgruppen dieses Moleküls kann im Stoffwechsel kurzfristig bei einer exergonischen Reaktion frei werdende Energie gespeichert und für eine endergonische Reaktion zur Verfügung gestellt werden. Organische Substrate können z.B. durch die Anlagerung von Phosphatmolekülen (**Phosphorylierung**) für eine biochemische Reaktion aktiviert und damit auf ein höheres Energieniveau gehoben werden.

Ein weiteres Energie übertragendes Molekül ist Guanosintriphosphat (**GTP**), das ähnlich wie ATP aber nur Energie transferieren und nicht dauerhaft speichern kann. Eine längerfristige Speicherung von Energie erfolgt z. B. in Form von **Kreatinphosphat**, das besonders in Muskeln Energie bereitstellt.

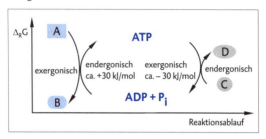

Energieübertragung

2.2 Biokatalyse durch Enzyme

Die meisten biochemischen Reaktionen würden unter den in Zellen herrschenden Bedingungen ohne Biokatalyse zu langsam ablaufen, um den für Wachstum und Überleben notwendigen Stoffumsatz zu erreichen. Um die Umsatzraten zu beschleunigen, werden biochemische Reaktionen durch **Enzyme** katalysiert. Diese Biokatalysatoren **erniedrigen die Aktivierungsenergie** so weit, dass pro Zeiteinheit eine wesentlich höhere Anzahl an Teilchen umgesetzt werden kann. Die Absenkung der Aktivierungsenergie erfolgt durch eine reversible Bindung des Ausgangsstoffes (Edukt, Substrat) an das Enzym, bei der Bindungen gelockert werden, die für die anschließende Umsetzung der Edukte zu den Produkten gespalten werden müssen. Wie alle Katalysatoren gehen Enzyme unverändert aus der ablaufenden Reaktion hervor und werden nur in relativ geringen Mengen gebraucht.

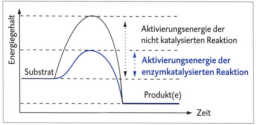

Biokatalyse am Beispiel einer exergonischen Reaktion

Enzyme

Enzyme sind Proteine unterschiedlicher Größe und Form. Viele Enzyme besitzen zusätzlich noch für die Katalyse notwendige Komponenten, die sogenannten **Cofaktoren**. Das können z. B. Metallionen wie Magnesium- oder Eisenionen sein, die als sog. prosthetische Gruppen fest an das Enzym gebunden sind, oder reversibel angelagerte organische Moleküle, die als Cosubstrate **(Coenzyme)** bezeichnet werden. Die wichtigsten Cosubstrate sind die Wasserstoffüberträger NAD(P)$^+$ und FAD. Die Enzyme, die ständig oder reversibel angelagerte Cofaktoren besitzen, tragen die Bezeichnung Holoenzym.

Wasserstoffüberträger NAD(P)$^+$

Allen Enzymen gemeinsam sind Rezeptorstrukturen an ihrer Oberfläche, die es ermöglichen, die Edukte (Substrate) nach dem **Schlüssel-Schloss-Prinzip** reversibel zu binden. Durch das dreidimensionale Profil und eine bestimmte Ladungsstruktur dieser **aktiven Zentren** sind Enzyme **substratspezifisch**, lagern also nur einen bestimmten Stoff (oder sehr ähnliche Stoffe) an.

Über das aktive Zentrum verbindet sich das Enzym mit seinem Substrat bzw. seinen Substraten zu einem **Enzym-Substrat-Komplex**. Durch die Struktur des aktiven Zentrums sind Enzyme reaktions- oder **wirkungsspezifisch**, d. h., sie katalysieren immer nur eine bestimmte biochemische Umsetzung der Substrate zu einem oder mehreren Produkten.

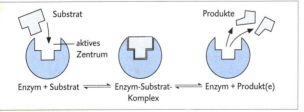

Schema einer Enzymreaktion

Die am Ende einer Enzymreaktion entstehenden Produktmoleküle sind nicht mehr mit den Strukturen des aktiven Zentrums kompatibel und lösen sich vom Enzym ab. Das Enzym kehrt in seinen Ausgangszustand zurück und kann nun ein neues Substratmolekül aufnehmen.

Enzyme lassen sich, je nach der durch sie katalysierten Reaktion, in sechs **Enzymklassen** zusammenfassen:

Bezeichnung	Katalysierte Reaktionen	Beispiel
Oxidoreduktasen	biologische Oxidationen und Reduktionen, d. h. die Abspaltung oder Anlagerung von Wasserstoff	Alkoholdehydrogenase (reduziert Ethanal zu Ethanol, letzter Schritt der alkohol. Gärung)
Transferasen	Übertragung von Molekülgruppen	Transaminase (Übertragung von Aminogruppen beim Aminosäureabbau)
Hydrolasen	Spaltung von Bindungen durch Wasseranlagerung	Peptidase (Spaltung von Peptidbindungen beim Proteinabbau)
Lyasen	Addition oder Spaltung von organischen Molekülen unter Ausbildung oder Entfernung von Doppelbindungen	Citratsynthase (Verknüpfung von Acetyl-CoA und Oxalacetat zu Citrat, 1. Schritt des Citrat-Zyklus)
Isomerasen	Umlagerungen innerhalb eines Moleküls	Glucose-Isomerase (Umwandlung von Glucose in Fructose)
Ligasen	Ausbildung von Bindungen unter ATP-Verbrauch	DNA-Ligase (verknüpft DNA-Stränge über Esterbindungen)

Enzymkinetik

Die Reaktionsgeschwindigkeit (Enzymaktivität) ist von der Geschwindigkeit der Bildung und Lösung des Enzym-Substrat-Komplexes abhängig. Diese wiederum wird von einer Reihe von Faktoren beeinflusst:
Bei chemischen Reaktionen verdoppelt sich die Reaktionsgeschwindigkeit mit der Erhöhung der Temperatur um 10 °C (**Reaktionsgeschwindigkeits-Temperatur (RGT)-Regel**). Für biochemische Reaktionen gilt diese Regel nur in einem bestimmten Temperaturbereich, da die Tertiärstruktur der Enzyme bei hohen Temperaturen (hitze)denaturiert wird.

Die Enzymaktivität wird auch durch den **pH-Wert** des umgebenden Mediums beeinflusst. Das jeweilige Temperatur- bzw. pH-Wert-Optimum eines Enzyms hängt dabei von den normalerweise in seiner Umgebung herrschenden Bedingungen ab.

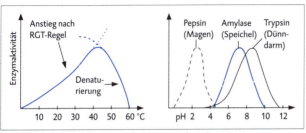

Abhängigkeit der Enzymaktivität von der Temperatur bzw. dem pH-Wert

Die Umsatzgeschwindigkeit eines Enzyms wird auch durch die **Substratkonzentration** bestimmt. Solange noch nicht alle Enzymmoleküle mit Substrat gesättigt sind, kann die Reaktionsgeschwindigkeit durch Erhöhung der Substratkonzentration angehoben werden. Jedes Enzym hat eine charakteristische Affinität zu seinem Substrat, die durch dessen Michaelis-Menten-Konstante K_M ausgedrückt wird. Je kleiner diese Konstante (Substratkonzentration bei halbmaximaler Geschwindigkeit) ist, desto effektiver bindet das Enzym sein Substrat.

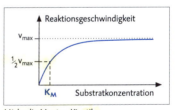

Michaelis-Menten-Kinetik

Enzymhemmung

Die Enzymwirkung kann durch verschiedene Stoffe negativ oder positiv beeinflusst werden. Dabei kann es sich um eine gewollte Regulation des Stoffwechsels in der Zelle handeln (Enzymregulation) oder um unerwünschte Auswirkungen von Fremdstoffen (Vergiftung).

Bei einer **kompetitiven Hemmung** führen Hemmstoffe (Inhibitoren) zu einer Blockade des aktiven Zentrums. Die Enzyminhibitoren ähneln dabei dem Substrat, können vom Enzym aber nicht umgesetzt werden.

Es kommt zur Konkurrenz um die Besetzung des aktiven Zentrums. Da die Anlagerung kompetitiver Hemmstoffe reversibel ist, kann deren Wirkung durch Zugabe einer höheren Konzentration des eigentlichen Substrats aufgehoben werden (Hemmstoffe werden verdrängt).

Bei der **irreversiblen Hemmung** führen z. B. Schwermetallionen wie Blei, Quecksilber oder Cadmium zur Denaturierung der Proteinstruktur des Enzyms und damit zum Verlust der Enzymaktivität.

Als **allosterische Hemmung** bezeichnet man die reversible Anlagerung spezifischer Hemmstoffe außerhalb des aktiven Zentrums an einem sog. allosterischen Zentrum. Dieser Kontakt führt durch Konformationsänderungen des Enzyms zu einer Strukturveränderung des aktiven Zentrums und damit zu dessen Blockade. Die Wirkung des Hemmstoffs kann in diesem Fall durch eine Erhöhung der Substratkonzentration nicht aufgehoben werden. Umgekehrt gibt es auch den Fall der **allosterischen Aktivierung**, bei der ein Enzym erst durch die Anbindung eines Aktivators in die aktive Form überführt wird.

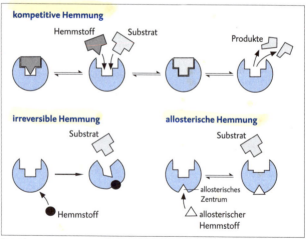

Enzymhemmung

2.3 Stoffwechselformen

Der gesamte Stoffwechsel (Metabolismus) und die damit verbundenen Energieumwandlungen lassen sich in zwei Bereiche unterteilen.
Die **Assimilation** (Anabolismus) beschreibt den Aufbau zellulärer Strukturen aus niedermolekularen Stoffen. Bei der autotrophen Assimilation werden die energiereichen organischen Moleküle aus einfachen anorganischen Molekülen wie CO_2, H_2O bzw. H_2S aufgebaut. Die Energie für diese extrem endergonischen Reaktionen stammt aus der Sonnenenergie (**Fotosynthese**, siehe S. 38–44) oder aus verschiedenen Redoxreaktionen (**Chemosynthesen**, siehe S. 46). Bei der heterotrophen Assimilation werden von autotrophen Organismen gebildete organische Bausteine aufgenommen und umstrukturiert. Die dafür notwendige Energie kommt aus Dissimilationsvorgängen.
Die **Dissimilation** (Katabolismus) beschreibt die Abbauwege zelleigener organischer Stoffe zur Energiegewinnung. Dabei unterscheidet man die vollständige oxidative (aerobe) Zerlegung mit hohem Energiegewinn (**Zellatmung**, siehe S. 48–52) und die **Gärungen** (siehe S. 52 f.), bei denen die organischen Endprodukte noch relativ energiereich sind und die zum größten Teil anaerob ablaufen.

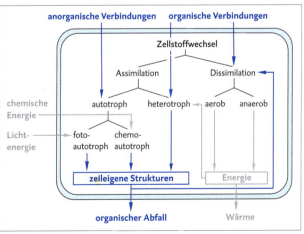

Stoff- und Energiewechsel in einer Zelle

2.4 Fotosynthese

Die Fotosynthese aller grünen Pflanzen und einiger Bakterienarten bildet die Grundlage des Lebens auf der Erde. Das Primärprodukt Glucose bildet die „Drehscheibe" im Stoffwechsel aller Lebewesen und sämtlicher freier Sauerstoff ist durch Fotosynthese entstanden.

Voraussetzungen für die Fotosynthese

Grundvoraussetzung der Fotosyntheseleistung der grünen Pflanzen ist eine ausreichende Versorgung mit Wasser und Mineralsalzen. Bei höheren Pflanzen werden Wasser und darin gelöste Ionen über die Wurzelhaare aufgenommen und diffundieren zunächst in den Interzellularen bis zur innersten Wurzelschicht, der Endodermis. Die Zellen der Endodermis regeln aktiv die weitere Aufnahme von Wasser und Ionen und bauen einen nach oben gerichteten Wurzeldruck auf.

Der anschließende Transport erfolgt über die Leitbündel der Sprossachse (Stängel). Im Xylem (Holzteil) wird Wasser in toten Röhrenzellen (Tracheen und Tracheiden) von den Wurzeln zu den Blättern transportiert. Im Phloem-Teil der Leitbündel werden die Produkte der Fotosynthese durch Siebzellen auf alle Pflanzenorgane verteilt.

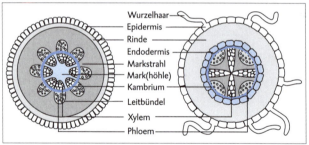

Spross- (links) und Wurzelquerschnitt (rechts)

Treibende Kraft des aufwärts gerichteten Wasser- und Ionentransportes ist neben dem osmotischen Wurzeldruck die Transpiration, die Wasserverdunstung an den Spaltöffnungen (Stomata) der Blätter. Samenpflanzen können die Wasserabgabe durch die Öffnungsweite der Schließzellen in Abhängigkeit von Außentemperatur, Wasser- und CO_2-Angebot regeln.

Stoff- und Energiewechsel ◢ 37

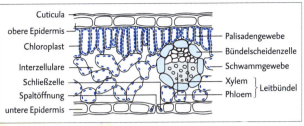

Querschnitt durch ein Laubblatt

Durch die Stomata der Blätter wird nicht nur Wasser an die Umgebung abgegeben, sondern auch CO_2 für die Dunkelreaktion der Fotosynthese aufgenommen. Die **CO_2-Konzentration** der Luft ist mit 0,03 % geringer als das Optimum für die Fotosynthese (0,1 %), sodass die Fotosyntheseleistung einer Pflanze durch Erhöhung des CO_2-Gehaltes zunächst gesteigert werden kann. Eine zu hohe CO_2-Konzentration wirkt sich dagegen hemmend auf die Fotosynthese aus (C_3/C_4-Pflanzen siehe S. 44 f.).

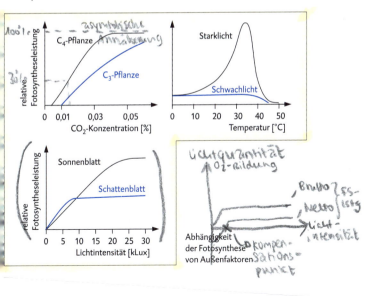

Abhängigkeit der Fotosynthese von Außenfaktoren

Die Aktivität der Enzyme der Dunkelreaktion der Fotosynthese ist, wie die aller Enzyme, **temperaturabhängig**. Innerhalb eines engen Bereiches wirkt sich eine Temperaturerhöhung positiv auf die Fotosyntheseleistung aus (wenn ausreichend Licht vorhanden ist). Allerdings steigt auch die Transpirationsrate mit zunehmender Temperatur, sodass sich die Stomata schließen und die Fotosyntheseleistung aufgrund mangelnder CO_2-Zufuhr sinkt.

Mit zunehmender **Lichtintensität** nimmt die Fotosyntheseleistung zu, bis eine Sättigung erreicht ist. Dabei unterscheidet sich vor allem der Lichtbedarf der Sonnen- und Schattenpflanzen (siehe S. 96 f.) erheblich.

Fotosynthesepigmente

Die biochemischen Reaktionen der Fotosynthese sind an Enzyme und **Pigmente** (Farbstoffe) gebunden, die in den Thylakoidmembranen der Cyanobakterien bzw. der Chloroplasten der Pflanzen liegen.

Fotosynthesepigmente: Chlorophylle

Chlorophyll ist das zentrale Pigment der Fotosynthese und kommt in mehreren Formen wie z. B. Chlorophyll a oder b vor. Durch die Komplexverbindung des Magnesiumatoms mit den vier Stickstoffatomen des Porphyrinrings sind die beiden Magnesium-Außenelektronen sehr gut anregbar, d. h. durch Energieübertragung auf ein höheres Energieniveau zu bringen. Die konjugierten Doppelbindungssysteme des Porphyrinrings können diese Energie kurzzeitig speichern und weitergeben.

Carotinoide (sauerstofffreie Carotine und sauerstoffhaltige Xanthophylle) besitzen wie Chlorophyll längere Kohlenwasserstoffketten mit konjugierten Doppelbindungen, aber keine eingelagerten Metallatome.

β-Carotin

Xanthophyll (Lutein)

Fotosynthesepigmente: Carotinoide

Die gemeinsame Aufgabe der Chlorophylle und Carotinoide bei der Fotosynthese ist die **Absorption von Lichtenergie** im Spektralbereich des sichtbaren Lichts. Die Lichtabsorptionsfähigkeit der einzelnen Pigmente ist unterschiedlich, sie besitzen unterschiedliche Absorptionsmaxima. Allen Pigmenten gemeinsam ist eine Absorptionslücke zwischen 500 und 600 nm, also im grünen bis gelben Spektralbereich. Da in diesem Bereich das Licht reflektiert wird, erscheinen die Blätter von Pflanzen meist grün.

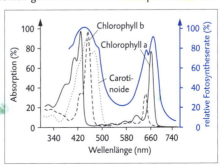

Lichtabsorption

Die so aus einem breiten Bereich des Licht-Spektrums aufgenommene Energie wird von den sog. **Antennenpigmenten** (eben den Chlorophyllen und Carotinoiden) zu einigen **Reaktionszentren** aus wenigen proteingebundenen Chlorophyll-a-Molekülen auf den Thylakoiden weitergeleitet. Antennenpigmente und Reaktionszentrum bilden zusammen ein **Fotosystem**, dessen Gesamtabsorption größer ist, als es bei Chlorophyll a allein möglich wäre.

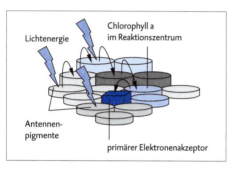

Fotosystem

Ablauf der Fotosynthese

Vereinfacht lassen sich die Reaktionen der Fotosynthese in folgender Gesamtgleichung zusammenfassen:

$$6\,CO_2 + 12\,H_2O \longrightarrow C_6H_{12}O_6 + 6\,O_2 + 6\,H_2O \qquad \Delta_R G = +2876\,kJ$$

Die Fotosynthese findet in zwei voneinander abhängigen Phasen statt:
- In der lichtabhängigen Phase **(Lichtreaktion)**, die an die Fotosynthesepigmente und die Energiezufuhr durch Lichtquanten gebunden ist, werden **NADPH+H$^+$** als Reduktionsmittel und der universelle Energieüberträger **ATP** erzeugt. Sauerstoff ist ein Nebenprodukt der Lichtreaktion und stammt aus dem Wasser.
- In der lichtunabhängigen Phase **(Dunkelreaktion**, Calvin-Zyklus) wird Kohlenstoffdioxid gebunden und zu primären **Kohlenhydraten** assimiliert. Dabei werden der in NADPH+H$^+$ gebundene Wasserstoff und die in ATP gespeicherte Energie verbraucht. NADP$^+$ und ADP+P$_i$ sowie Wasser gelangen wieder in die Lichtreaktion.

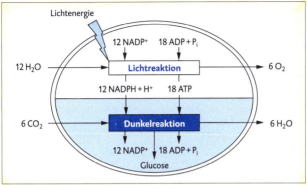

Übersichtsschema der Fotosynthese

Lichtreaktion

Die Lichtreaktion findet an zwei Fotosystemen statt, die über eine Kette verschiedener Enzyme miteinander verbunden sind. Alle benötigten Enzyme befinden sich auf und in den **Thylakoidmembranen**.

Die Lichtsammelkomplexe beider Fotosysteme werden durch **Lichtabsorption** in einen angeregten, d. h. energiereichen Zustand gebracht. Die zwei Fotosysteme unterscheiden sich in ihrem Absorptionsmaximum, d. h. in der am besten absorbierten Licht-Wellenlänge:
- Fotosystem I: P700 (max. Absorption bei 700 nm)
- Fotosystem II: P680 (max. Absorption bei 680 nm)

Die absorbierte Lichtenergie wird in beiden Fotosystemen auf das Chlorophyll a des Reaktionszentrums übertragen. Dadurch werden die Elektronen des Magnesiumkomplexes in einen höheren Energiezustand versetzt und können vom Chlorophyll a auf einen Primärakzeptor (ein bisher noch unbekanntes Molekül) übertragen werden. Der Primärakzeptor wird durch die Elektronenaufnahme reduziert.

Der weitere lineare Elektronentransport über verschiedene Oxidoreduktasen erfolgt entlang einem Energiegefälle ausgehend von Fotosystem II über Fotosystem I bis zur Übertragung der Elektronen auf NADP$^+$. Die „abfallende" Energie wird dabei für die ATP-Synthese verwendet.

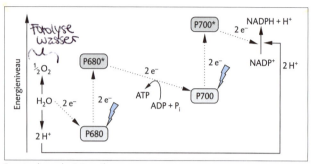

Energieschema der Fotosynthese

Die energiereichen Elektronen des angeregten **Fotosystems I** (P700*) werden über das Enzym Ferredoxin an NADP⁺ abgegeben. Zur Bildung des reduzierten Coenzyms NADPH+H⁺ auf der Matrixseite der Thylakoidmembran werden zwei Elektronen und zwei Protonen benötigt:

$$NADP^+ + 2\,H^+ + 2\,e^- \longrightarrow NADPH + H^+$$

Durch die Abgabe der energiereichen Elektronen entsteht im Fotosystem I eine „Elektronenlücke". Diese wird über eine Kette von Enzymkomplexen (Elektronentransportkette, s. u.) mit energiereichen Elektronen des angeregten Fotosystems II aufgefüllt. Die nun beim **Fotosystem II** (P680*) fehlenden Elektronen werden beim linearen Elektronentransport letztlich bei der **Fotolyse** dem Wasser entzogen, das dabei in Sauerstoff und Protonen zerfällt:

$$H_2O \longrightarrow \tfrac{1}{2}O_2 + 2\,H^+ + 2\,e^-$$

In der **Elektronentransportkette** mit den Enzymkomplexen Plastochinon (PQ), Cytochrom-b_6/f-Komplex (Cyt b/f) und Plastocyanin (PC) wandern die Elektronen, getrieben durch das energetische Gefälle, vom Fotosystem II zum Fotosystem I. Die dabei frei werdende Energie wird von PQ und Cyt b/f verwendet, um Protonen von der Matrixseite in den Membranzwischenraum (Thylakoidlumen) zu pumpen. Da dort bei der Fotolyse des Wassers zusätzlich noch Protonen freigesetzt werden und die Membran „protonendicht" ist, kommt es zu einem großen H⁺-Konzentrationsunterschied auf beiden Membranseiten. Die in diesem chemiosmotischen H⁺-Gradienten gespeicherte Energie, die sog. **protonenmotorische Kraft**, wird zur ATP-Bildung genutzt. Der Konzentrationsausgleich der Protonen kann nur durch ATP-Synthasen (Transmembranproteine) erfolgen. Die protonenmotorische Kraft treibt hier die lichtabhängige ATP-Synthese **(Fotophosphorylierung)** aus ADP und P_i an.

Die ATP-Bildung kann auch auf diese Weise betrieben werden, wenn die Elektronen des Fotosystems I von Ferredoxin (Fd) zurück auf PQ übertragen und nicht zur $NADPH + H^+$-Bildung verwendet werden **(zyklischer Elektronentransport**, blau gepunktete Linien in der folgenden Abbildung). Dieser zyklische Transport erfolgt, wenn z. B. bei CO_2-Mangel ein „NADPH-Stau" auftritt, ATP aber weiterhin benötigt wird.

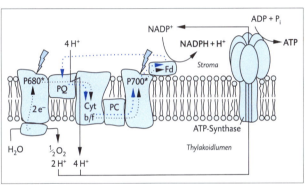

Thylakoidmembran

Dunkelreaktion

An die Lichtreaktion schließt sich unmittelbar die im Stroma der Chloroplasten ablaufende lichtunabhängige Phase der Fotosynthese, der **Calvin-Zyklus**, an.

In diesem zyklischen Vorgang wird Kohlenstoffdioxid zunächst an einen CO_2-Akzeptor gebunden **(CO_2-Fixierung)**. Das Enzym Ribulose-1,5-bisphosphat-Carboxylase/Oxygenase (Rubisco) katalysiert die Anlagerung von CO_2 an Ribulose-1,5-bisphosphat, ein Monosaccharid mit fünf Kohlenstoffatomen (C_5). Die entstehende C_6-Verbindung ist instabil und zerfällt sofort unter Wasseranlagerung in zwei Moleküle Glycerinsäure-3-phosphat (C_3; auch: 3-Phosphoglycerinsäure).

Glycerinsäure-3-phosphat wird anschließend unter Verbrauch von

NADPH+H$^+$ und ATP aus der Lichtreaktion zu Glycerinaldehyd-3-phosphat (auch: 3-Phosphoglycerinaldehyd) **reduziert**. Zwei dieser Triosen können nun in Glucose (C$_6$) umgewandelt werden, die in Form von Assimilationsstärke in den Chloroplasten gespeichert oder exportiert wird. Zur Bildung eines C$_6$-Moleküls aus CO$_2$ laufen die o.g. Reaktionen sechs Mal ab. Aus den übrigen zehn Molekülen Glycerinaldehyd-3-phosphat, die dabei entstehen, wird anschließend in mehreren Schritten der CO$_2$-Akzeptor (sechs Moleküle Ribulose-1,5-bisphosphat) **regeneriert**.

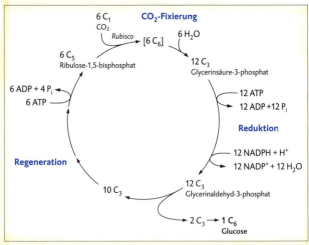

Calvin-Zyklus

Besonderheiten der CO$_2$-Fixierung

Bei den **C$_3$-Pflanzen** (90 % aller Pflanzen) wird CO$_2$ aus der Luft (bzw. das im Zellsaft gelöste Gas) direkt durch die Rubisco bei der 1. Reaktion des Calvin-Zyklus fixiert. Der Name „C$_3$-Pflanzen" leitet sich vom ersten stabilen Produkt, dem C$_3$-Körper Glycerinsäure-3-phosphat, ab.

Bei **C$_4$-Pflanzen** sind CO$_2$-Fixierung und Calvin-Zyklus dagegen räumlich getrennt. CO$_2$ wird zunächst in den Mesophyllzellen (Zellen des Palisaden- und Schwammgewebes) an Phosphoenolpyruvat (PEP) angelagert, das erste stabile Produkt ist Oxalacetat, ein C_4-Körper. In den benachbarten Bündelscheidenzellen wird dann das CO_2 wieder freigesetzt und wie bei den C_3-Pflanzen im Calvin-Zyklus verarbeitet.

Der Vorteil des vorgeschalteten Dicarbonsäure-Zyklus ist die größere Effektivität der CO_2-Fixierungsreaktion durch die PEP-Carboxylase, sodass selbst bei geschlossenen Spaltöffnungen noch ausreichend CO_2 gebunden werden kann. Man findet diese Form der CO_2-Fixierung bei besonders trockenheitsresistenten Pflanzen (ca. 2 % aller Pflanzen) wie z. B. beim Mais.

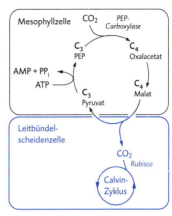

C_4-Pflanzen

Den **C**rassulaceae-**A**cid-**M**etabolism findet man bei etwa 8 % der Pflanzen, z. B. bei Sukkulenten. Bei diesen **CAM-Pflanzen** wird nachts bei geöffneten Spaltöffnungen CO_2 als Malat gebunden, in der Vakuole gespeichert und tagsüber in derselben Zelle dem Calvin-Zyklus bei geschlossenen Spaltöffnungen zur Verfügung gestellt. Fixierung und Calvin-Zyklus sind wegen der extrem hohen Temperaturen im Lebensraum dieser Pflanzen zeitlich getrennt.

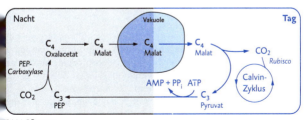

CAM-Pflanzen

2.5 Chemosynthese

Diese Form der autotrophen Assimilation nutzt nicht das Licht, sondern **chemische Reaktionen** als Energiequelle. Daher sind keine Pigmente notwendig **(„farblose Bakterien")**.
Die Produktion von NADPH+H$^+$ und ATP ist an exergonische Redoxreaktionen mit anorganischen Substraten gebunden. Die größten Energiemengen können dabei durch die Redoxreaktionen mit Sauerstoff bereitgestellt werden, sodass die meisten Chemosynthesen aerob ablaufen.
Die CO$_2$-Fixierung zur Bildung organischer Stoffe erfolgt meist wie bei den fotosynthetisch aktiven Bakterien und Pflanzen über den **Calvin-Zyklus**.
Viele der chemosynthetisch aktiven Bakterien sind aerobe Destruenten, die an exponierten Stellen in die Stoffkreisläufe der Natur eingebunden sind (siehe S. 111 ff.).

Beispiel	Edukte	Produkte
nitrifizierende Bakterien (*Nitrosomonas*, *Nitrobacter*)	O_2, NH_4^+ O_2, NO_2^-	NO_2^- NO_3^-
Knallgasbakterien (*Pseudomonas*)	O_2, H_2	H_2O
Schwefel oxidierende Bakterien (*Thiobacillus*)	O_2, H_2S O_2, S	H_2SO_4 H_2SO_4
Eisen oxidierende Bakterien (*Thiobacillus ferrooxidans*, *Leptothrix*)	O_2, Fe^{2+}	Fe^{3+}
Mangan oxidierende Bakterien (*Leptothrix*)	O_2, Mn^{2+}	Mn^{3+}

2.6 Verdauungsprozesse

Alle Zellen, die keine autotrophe Assimilation durchführen können, sind auf die **Zufuhr energiereicher organischer Verbindungen** von außen angewiesen. Bei Pflanzen werden die Assimilationsprodukte durch Plasmodesmen verteilt, sodass auch die chlorophyllfreien Zellen z. B. des Sprosses oder der Wurzel versorgt werden können (siehe S. 36). Die zu verteilenden Stoffe müssen wasserlöslich sein und werden dazu in eine transportable Form überführt. Die Assimilationsstärke, die in Form von Stärkekörnern in der Chloroplastenmatrix zwischengespeichert ist, wird z. B. für den Transport in Glucose gespalten.

Bei allen anderen Lebewesen werden die organischen Stoffe, hauptsächlich Kohlenhydrate, Fette und Eiweiße, und die darin enthaltene chemische Energie mit der Nahrung aufgenommen, durch Enzyme zerlegt **(Verdauung)**, anschließend durch meist aktive Transportvorgänge in das Körperinnere transportiert **(Resorption)** und mittels Körperflüssigkeiten wie Blut und Lymphe verteilt. Alle Verdauungsenzyme gehören zur Gruppe der Hydrolasen (siehe S. 32). Sie spalten Bindungen in verschiedenen Makromolekülen unter Anlagerung von Wasser auf.

Organ	Enzym	Substrat	Produkt	gespaltene Bindung
Mundhöhle (pH 6,2–7,4)	Ptyalin (Amylase)	Amylose, Amylopektin	Oligo-, Di-, Monosaccharide	glykosidische Bindung
Magen (pH 1,5)	Pepsin (Peptidase)	Proteine	Oligopeptide, Aminosäuren	Peptidbindung
Dünndarm (pH 8–9)	Maltase Lactase Saccharase	Di-, Oligosaccharide	Monosaccharide	glykosidische Bindung
	Trypsin Chymotrypsin	Proteine	Polypeptide	Peptidbindung
	Carboxypeptidase Dipeptidase Aminopeptidase	Polypeptide	Aminosäuren	Peptidbindung
	Lipasen	Fette	Glycerin, Fettsäuren	Esterbindung
	Nukleasen	Nukleinsäuren	Nukleotide	Esterbindung

Es werden also körperfremde komplexe organische Moleküle in ihre transportablen Monomere zerlegt und in den Zellen nach Bedarf anschließend zu körpereigenen Strukturen zusammengesetzt. Ein Teil der aufgenommenen Nährstoffe wird allerdings durch Dissimilationsvorgänge verbraucht, um die erforderliche Energie für diese Biosynthesen bereitzustellen.

2.7 Zellatmung

Alle zu veratmenden Substrate (Kohlenhydrate, Fette und Eiweiße) werden zunächst durch Verdauungsprozesse stufenweise in Glucose oder eines ihrer in der Zellatmung vorkommenden Spaltprodukte ab- und umgebaut. Die Unterscheidung verschiedener Atmungssubstrate erfolgt mithilfe des **respiratorischen Quotienten** (RQ). Dieser gibt das Volumenverhältnis des bei der Veratmung entstehenden Kohlenstoffdioxids zum dabei verbrauchten Sauerstoff an.

$$RQ = V(CO_2) / V(O_2)$$

Der RQ beträgt bei Kohlenhydraten 1, bei Fetten 0,7 und bei Eiweißen 0,8. Die experimentelle Ermittlung des RQ lässt also Rückschlüsse auf das Substrat zu, das ein Organismus gerade veratmet.

Ablauf der Zellatmung

Die Atmung eukaryotischer Zellen läuft in drei aufeinanderfolgenden Phasen ab und ist formell die stoffliche Umkehrung der Fotosynthese:

$$C_6H_{12}O_6 + 6\,O_2 + 6\,H_2O \longrightarrow 6\,CO_2 + 12\,H_2O \qquad \Delta_R G = -2876\ kJ$$

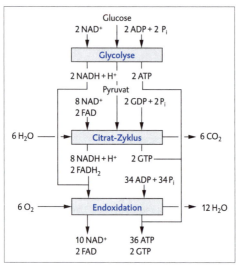

Übersichtsschema der Zellatmung

Glycolyse

Bei der **Glycolyse**, die im Zytoplasma jeder Zelle ohne Sauerstoffverbrauch abläuft, wird Glucose aktiviert und gespalten. Dabei entstehen pro mol Glucose 2 mol ATP, 2 NADH+H$^+$ und 2 Moleküle Pyruvat (Anion der Brenztraubensäure).

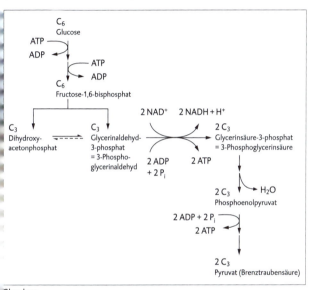

Glycolyse

Citrat-Zyklus

In der Matrix der Mitochondrien wird aus dem Pyruvat unter Wasseranlagerung CO_2 abgespalten **(oxidative Decarboxylierung)**. Der entstandene Acetylrest verbindet sich mit einem Cosubstrat zu Acetyl-Co(enzym) A (aktivierte Essigsäure).
Das aktivierte Essigsäuremolekül wird in den Citrat-Zyklus eingeschleust und schrittweise weiter decarboxyliert. Der bei den Abbauprozessen frei werdende Wasserstoff wird samt seinem Redoxpotenzial zur Bildung von NADH+H$^+$ und FADH$_2$ genutzt. Im Citrat-Zyklus entstehen auch geringe Mengen direkt verwertbarer Energie in Form von GTP.

Citrat-Zyklus

Endoxidation

In der letzten Phase der Zellatmung wird an der inneren Mitochondrienmembran ATP gebildet, indem der in NADH+H$^+$ und FADH$_2$ gebundene Wasserstoff aus den vorherigen Phasen stufenweise mit Sauerstoff zu Wasser umgesetzt wird.

Wie bei der Fotophosphorylierung wird zur ATP-Produktion ein Konzentrationsgefälle von Protonen zwischen dem Intermembranraum und der Matrix aufgebaut. Die Komplexe I, III und IV der **Atmungskette** sind Protonenpumpen, die die Elektronen von NADH+H$^+$ und FADH$_2$ mit abnehmender Energie (Redoxpotenzial) transportieren. Mit der frei werdenden Energie werden Protonen in den Membranzwischenraum gepumpt. Neben den vier Komplexen sind noch verschiedene Enzyme wie Ubichinon (Q) und Cytochrom c (Cyt c) am Elektronentransport beteiligt.

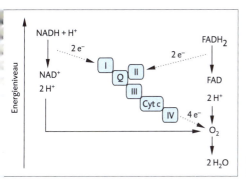

Energieschema der Endoxidation

Die im Membranzwischenraum angereicherten H⁺-Ionen gelangen durch ATP-Synthasen in die Matrix zurück, die die Energie der einströmenden Protonen zur ATP-Synthese nutzt **(oxidative Phosphorylierung)**. Die Elektronen werden letztendlich vom Cytochrom a des Komplexes IV auf Sauerstoff übertragen, der so reduziert wird und mit den Protonen zu Wasser reagiert.

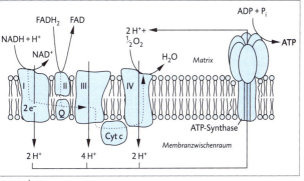

Atmungskette

Insgesamt wird im Prozess der Zellatmung biologisch verwertbare Energie in Form von **36–38 mol ATP** (etwa 1140 kJ/mol Glucose) gewonnen, das entspricht einem Wirkungsgrad von ca. 40 %. Die restlichen 60% der frei werdenden Energie fallen als Wärme an und sind für den Organismus nur zur Erhöhung der Körpertemperatur nutzbar.

2.8 Gärungen

Steht kein Sauerstoff als Akzeptormolekül für die Endoxidation zur Verfügung, kann der Wasserstoffakzeptor NAD$^+$ nicht über die Atmungskette regeneriert werden.
Damit Stoffabbau und Energiegewinnung in der Glycolyse aber nicht zum Erliegen kommen, muss ständig „freies" NAD$^+$ bereitgestellt werden. An anaerobe Bedingungen angepasste Mikroorganismen benutzen daher organische Moleküle als Wasserstoff-Endakzeptoren. Da in diesen Molekülen noch ein großer Teil der Energie gebunden bleibt, ist die Energieausbeute der Gärungen gegenüber derjenigen der Atmung vergleichsweise gering (pro 1 mol Glucose **2 mol ATP** aus der Glycolyse, ca. 60 kJ/mol).

Milchsäuregärung
Milchsäurebakterien regenerieren das NAD$^+$ durch Reduktion von Pyruvat zu Lactat, dem Anion der Milchsäure.
Der gleiche Vorgang läuft auch in der **Muskulatur** bei Sauerstoffmangel ab. Auch hier ist die weitere Verarbeitung von Pyruvat nicht mehr möglich, da es einen „Rückstau" der aeroben Prozesse von der Endoxidation aus gibt. Das entstehende Lactat reichert sich in der Muskulatur an und es kommt zu einer allgemeinen Verminderung der Leistungsfähigkeit, da jetzt nur noch 60 statt 1140 kJ/mol Energie bereitstehen. Allerdings kann das Lactat in den Muskelzellen wieder zu Pyruvat oxidiert und im Citrat-Zyklus und in der Endoxidation vollständig abgebaut werden, sobald sich die Sauerstoffversorgung verbessert.

Alkoholische Gärung
Verschiedene einzellige Hefepilze können unter anaeroben Bedingungen von der Zellatmung auf die alkoholische Gärung „umschalten" **(Pasteur-Effekt)**. Dabei entstehen durch Decarboxylierung und Reduktion mit NADH + H$^+$ die Endprodukte CO_2 und Ethanol (Alkohol).

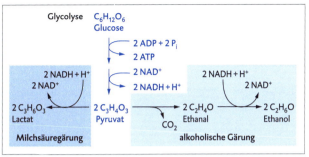

Gärungsformen

2.9 Eiweißstoffwechsel

Die Monomere der Proteine sind Aminosäuren (siehe S. 8). Nur autotrophe Organismen können alle 20 proteinogenen Aminosäuren selbst produzieren. Heterotrophe Lebewesen nehmen Proteine bzw. Aminosäuren mit der Nahrung auf und können einige Aminosäuren ineinander umbauen, sodass nicht alle Aminosäuren essenziell sind, d. h. nicht unbedingt mit der Nahrung zugeführt werden müssen. Der Mensch kann z. B. 12 der 20 proteinogenen Aminosäuren selbst herstellen.

Aminosäuresynthese
Die Aminosäuresynthese der autotrophen Organismen beginnt mit der **Nitratreduktion**. Pflanzen nehmen z. B. mit den Wurzeln Nitrationen (NO_3^-) auf. Diese müssen zu Ammoniumionen (NH_4^+) reduziert werden, um auf organische Moleküle übertragen werden zu können. Die Reduktion von Nitrat zu Nitrit erfolgt bereits im Zytoplasma der Wurzel- oder Sprosszellen unter Verbrauch von $NADPH+H^+$. Mithilfe von Elektronen aus dem fotosynthetischen Elektronentransport reduziert Ferredoxin (siehe S. 42) das Nitrit an der inneren Plastidenmembran weiter zu Ammonium.
Die Ammoniumionen werden dann als Aminogruppen ($-NH_2$) an geeignete organische Moleküle (z. B. Glutamat oder Glutamin) gekoppelt und innerhalb der Pflanzen transportiert.
Translokatoren schleusen die Transportmoleküle in die Chloroplastenmatrix, die dort die Aminogruppen auf aktivierte organische Säuren übertragen (**Transaminierung**). Die wenigen Startersubstanzen, aus

denen die sechs Aminosäurefamilien synthetisiert werden, sind teilweise Zwischenprodukte der Fotosynthese oder der Zellatmung, z. B. Pyruvat, Oxalacetat, α-Ketoglutarat.

Die **Synthese der Proteine** aus den 20 Aminosäuren erfolgt an den Ribosomen auf der Basis des genetischen Codes (siehe (2) S. 23 f.).

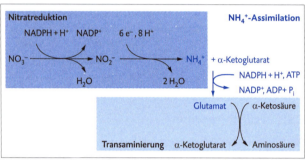

Umwandlung von Nitrationen in eine Aminogruppe

Aminosäureabbau

Beim vollständigen Abbau von Kohlenhydraten und Fetten entstehen Kohlenstoffdioxid und Wasser. Diese Stoffe werden an die Umwelt abgegeben oder, wie bei der Fotosynthese, wieder in die Stoffkreisläufe eingegliedert.

Wenn dagegen Eiweiße in den Leberzellen abgebaut werden, entsteht als eines der Zerfallsprodukte giftiges Ammoniak (NH_3), das erst chemisch gebunden und dann als Harnstoff oder Harnsäure ausgeschieden oder in neutralen Stickstoffverbindungen gespeichert wird. Die nach der NH_3-Abspaltung **(Desaminierung)** übrig bleibenden Kohlenstoffgerüste werden zu anderen zelleigenen Baustoffen umgebaut oder in der Zellatmung abgebaut.

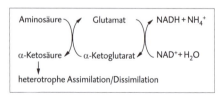

Desaminierung

Die Harnstoffbildung läuft als Zyklus in der mitochondrialen Matrix ab, wobei aus Ammoniumionen (NH_4^+), Kohlenstoffdioxid und ATP als erstes Zwischenprodukt Carbamoylphosphat gebildet wird.
Durch Anlagerung an Ornithin entsteht Citrullin, das im Zellplasma über weitere Zwischenstufen schließlich in Harnstoff und Ornithin umgewandelt wird. Der wasserlösliche Harnstoff wird über Ausscheidungsorgane abgegeben. Ornithin kann dann wieder Carbamoylphosphat aufnehmen und der **Harnstoffzyklus** (auch Ornithinzyklus) beginnt von Neuem.

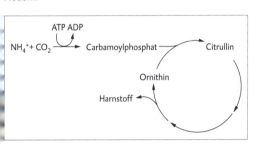

Harnstoffzyklus

Aus totem organischen Material beim Zerfall von Eiweißen freigesetztes NH_4^+ kann im Wasser oder Boden durch nitrifizierende Bakterien stufenweise über Nitritionen (NO_2^-) zu Nitrationen (NO_3^-) oxidiert werden (siehe S. 114 f.).

2.10 Fettstoffwechsel

Fette bestehen aus Glycerin und bis zu drei mehr oder weniger langkettigen Fettsäuren (siehe S. 13). **Glycerin** entsteht aus Glycerinaldehyd-3-phosphat aus dem Calvin-Zyklus oder der Glycolyse.
Die **Fettsäure-Synthese** erfolgt bei Pflanzenzellen in den Chloroplasten, bei Tieren, Pilzen und Bakterien dagegen im Zytoplasma. Fettsäuren entstehen aus Acetyl-CoA, dem Zwischenprodukt der Zellatmung. Dabei werden an einem Multienzymkomplex, der Fettsäure-Synthetase, so viele dieser C_2-Körper aneinandergefügt, bis die Fettsäurekette komplett ist. Anschließend erfolgt im Zytoplasma die Veresterung mit Glycerin.

Wenn Acetyl-CoA und Glycerinaldehyd-3-phosphat nicht in den Citrat-Zyklus übernommen werden, besteht also die Möglichkeit der Umwandlung von Kohlenhydraten in Fette. Dies ist ein wichtiger Vorgang zur Bildung von Energiedepots, da die Vorgänge umkehrbar sind und energiereiche Fettsäuren als Acetyl-CoA in die Atmungsvorgänge zurückgeführt werden können (Abbau durch **β-Oxidation** in der Mitochondrienmatrix).

2.11 Sekundärstoffwechsel

Neben dem Grundstoffwechsel, zu dem die oben beschriebenen Assimilations- und Dissimilationsvorgänge gehören, die bei allen Organismen gleichermaßen ablaufen, kommt es vor allem bei Pflanzen zur Bildung von zahlreichen weiteren Stoffen, den sogenannten **Sekundärstoffen**. Bis heute sind über 50 000 verschiedene sekundäre Pflanzenstoffe bekannt:
- stickstofffreie Sekundärprodukte wie z. B. ätherische Öle, Wachse oder Lignin, Farbstoffe wie Anthocyane, Gerbstoffe oder Aromastoffe;
- stickstoffhaltige Stoffe, z. B. Betaine wie Cholin, Senföl-Glycoside und alle Alkaloide wie Nicotin oder Coffein.

Viele der bekannten Sekundärstoffe werden nur von einer einzigen Pflanzenart und dort nur in ganz bestimmten Geweben produziert.
Grundbausteine für Sekundärstoffe sind meist Zwischenprodukte der Fotosynthese oder der Zellatmung, die zu sehr unterschiedlichen und meist sehr komplexen Molekülstrukturen zusammengesetzt werden.
Im Gegensatz zu den sog. Primärstoffen des Grundstoffwechsels werden die Sekundärstoffe nicht unbedingt für Wachstum und Entwicklung gebraucht. Ihre **Funktionen** sind aber so vielfältig wie ihre chemischer Strukturen. Sekundärstoffe binden giftige oder stark osmotisch wirksame Stoffwechselendprodukte, führen zur Färbung von Blüten und werden als Duft-, Aroma- oder Signalstoffe freigesetzt. Die Alkaloide und Bitterstoffe stellen einen wirkungsvollen Fraßschutz gegen Insekten oder andere Pflanzenfresser dar und Lignin stabilisiert die Zellwände.

Nerven, Sinne und Hormone

3 Nerven und Nervensysteme

Die Weiterleitung, Verarbeitung und Speicherung von Informationen ist bei Tier und Mensch an Nervenstrukturen gebunden, die aus spezialisierten Zellen, den Nervenzellen, bestehen und in einem mehr oder weniger komplexen Nervensystem organisiert sind.

3.1 Nervenzellen

Die bei Nervenzellen (oder **Neuronen**) beobachtete anatomische Vielfalt entspricht ihren sehr unterschiedlichen Funktionen im Nervensystem: Nervenzellen können der Verstärkung von Erregungen, der Steuerung von Muskeln oder Gedächtnisleistungen dienen.

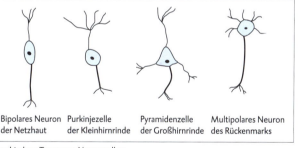

Bipolares Neuron der Netzhaut | Purkinjezelle der Kleinhirnrinde | Pyramidenzelle der Großhirnrinde | Multipolares Neuron des Rückenmarks

Verschiedene Typen von Nervenzellen

Trotz der anatomischen Unterschiede existiert eine gemeinsame Grundstruktur. Jedes Neuron besitzt einen **Zellkörper** (Soma, Perikaryon), der alle strukturellen Bestandteile einer Zelle wie Zytoplasma, Zellkern, Mitochondrien usw. enthält. Der Zellkörper weist Verzweigungen auf. Die meist kürzeren Fortsätze, die Erregungen als elektrische Impulse zum Soma hin leiten, heißen **Dendriten**. Das **Axon** (auch Neurit) ist ein Fortsatz, der Erregungen vom Soma weiterleitet. Am Ende der Axonverzweigungen befinden sich **synaptische Endknöpfchen**, an denen die Erregungen mithilfe von chemischen Botenstoffen, den Transmittern, auf andere Nerven- oder Muskelzellen übertragen werden.

Die meisten Wirbeltieraxone sind markhaltige Axone, d. h., sie sind von einer Myelinscheide umhüllt. Zwischen diesen übereinandergewickelten Membranen der **Schwannschen Zellen** liegt im Bereich der **Ranvierschen Schnürringe** das Axon frei. Die Nervenzellen werden außerdem von Helfer- oder Glia-Zellen begleitet und mit Nährstoffen versorgt. Die Axone von Wirbellosen, aber auch einige der Wirbeltiernerven sind dagegen marklos und besitzen meist einen größeren Durchmesser.

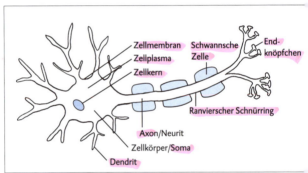

Aufbau eines Wirbeltierneurons

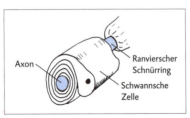

Bildung von **Myelinscheiden** aus **Schwannschen Zellen**

3.2 Erregungsleitung am Axon

Als Erregung wird jede Änderung des Membranpotenzials an einer Nervenzelle bezeichnet. Das Membranpotenzial ist die elektrische Spannung, die durch die ungleiche Verteilung verschiedener Ionen (Ladungsträger) und damit elektrischer Ladungen innerhalb und außerhalb der Zelle entsteht. Es handelt sich also eigentlich um eine **Potenzialdifferenz**.

Ruhepotenzial

Vergleicht man mithilfe von Mikroelektroden die elektrische Ladung des Zellplasmas mit der des extrazellulären Milieus, so ist bei den meisten Zellen das Zellinnere negativ geladen. Nicht erregte Nervenzellen weisen eine Potenzialdifferenz von durchschnittlich etwa −70 mV zum extraplasmatischen Raum auf. Diese Potenzialdifferenz wird als Ruhepotenzial (RP) bezeichnet.

Die Ursache des in einem **dynamischen Gleichgewicht** befindlichen RPs liegt in der unterschiedlichen Beweglichkeit und im selektiven Transport von Ionen von einer Seite der Membran auf die andere und in der daraus folgenden unterschiedlichen Verteilung der Ionen auf beiden Membranseiten begründet. Im Zellinneren befinden sich große Mengen von Kalium-Kationen (K^+) und von negativ geladenen Aminosäuren/Proteinen (organische Anionen, A^-), während außerhalb der Zelle Natrium-Kationen (Na^+) und Chlorid-Anionen (Cl^-) dominieren.

Ion	Konzentration im Zytoplasma (mmol/L)	Konzentration im Extrazellularraum (mmol/L)
Na^+	12	145
K^+	155	4
andere Kationen	0	5
A^-	155	0
Cl^-	4	120

Im unerregten (Ruhe-)Zustand liegen in der Membran eines Axons viele ständig geöffnete Kaliumkanäle und geschlossene Natrium- und Chloridkanäle vor. Für organische Anionen ist die Zellmembran gar nicht durchlässig. Obwohl für alle Ionen ein Konzentrationsgefälle besteht, können sich daher nur die Kaliumionen durch die Membran bewegen. Aus der Zelle strömen so lange Kalium-Ionen dem Konzentrationsgefälle folgend aus, bis die zunehmende positive Ladung außen und die gleichermaßen zunehmende negative Ladung innen dies nicht weiter zulassen. Es stellt sich ein Gleichgewicht ein, das bei einer Potenzialdifferenz von etwa –70 mV liegt.

Da Biomembranen aber nie vollständig „ionendicht" sein können, findet immer auch eine langsame Diffusion der anderen Ionen statt. Die Ladungen auf beiden Seiten der Membran würden sich so mit der Zeit angleichen. Um das Ruhepotenzial trotzdem aufrechtzuerhalten, pumpt die gekoppelte **Natrium-Kalium-Pumpe** unter Verbrauch von ATP Energie gleichzeitig drei Natriumionen nach außen und zwei Kaliumionen nach innen.

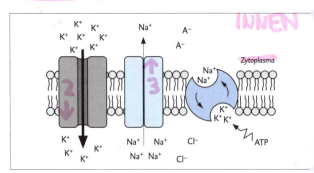

Ionenströme im Ruhezustand und die Natrium-Kalium-Pumpe

Aktionspotenzial

Die Informationsübermittlung über Neuronen erfolgt durch zeitlich und räumlich begrenzte Umkehrungen der Polarität ihrer Membran. Dies als Aktionspotenzial (AP) bezeichnete und immer gleich ablaufende **Erregungswelle** lässt sich in folgende Phasen aufteilen:

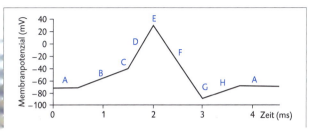

A Erhaltung des **Ruhepotenzials** durch die Natrium-Kalium-Pumpe

B Spannungsabhängige Natriumkanäle werden z. B. durch ein eintreffendes Aktionspotenzial geöffnet. Dadurch strömen Na$^+$-Ionen in die Zelle und **depolarisieren** („entladen") so die Membran bis zu einem **Schwellenwert** von rund −40 mV.

C Nach Überschreiten des Schwellenwertes wird ein AP ausgelöst **(Alles-oder-Nichts-Gesetz)**.
Wird der Schwellenwert nicht erreicht, fällt das Membranpotenzial wieder auf den Ruhewert zurück.

D Durch positive Rückkoppelung (je stärker die Depolarisation, desto mehr Natriumkanäle werden geöffnet, was das Membranpotenzial wiederum weiter anhebt usw.) erfolgt ein massenhaftes Einströmen von Na$^+$-Ionen in die Zelle, das schließlich zur **Ladungsumkehr** (Umpolung) führt (Depolarisation auf ca. + 30 mV).

E Die Amplitude des AP ist bei baugleichen Zellen unabhängig von der Stärke der Erregung immer gleich groß.

F Die spannungsgesteuerten Natriumkanäle schließen sich und dafür öffnen sich ebenfalls spannungsgesteuerte Kaliumkanäle. Die jetzt massenhaft ausströmenden K$^+$-Ionen heben schnell die negative Außenladung auf, sodass das Membranpotenzial wieder umgekehrt wird **(Repolarisation)**.

G Da sich die spannungsabhängigen Kaliumkanäle erst mit leichter Verzögerung wieder schließen, fließen mehr K$^+$-Ionen aus der Zelle heraus, als zur Ladungsumkehr nötig ist. Das führt zu einer vorübergehenden **Hyperpolarisation**.

H Die **Natrium-Kalium-Pumpe** stellt anschließend die Verhältnisse des Ruhepotenzials wieder her.

Richtung der Erregungsleitung

Die Weiterleitung von Erregung an einem Axon erfolgt elektrisch durch eine gerichtete Abfolge von Aktionspotenzialen. Unmittelbar nach einem AP, d. h. während der Repolarisations- und Hyperpolarisationsphase, sind die spannungsabhängigen Natriumkanäle kurzzeitig inaktiviert. Daher kann an dieser Stelle nicht sofort ein weiteres AP ausgelöst werden. Durch diese **Refraktärzeit** kann die Erregung der Membran nur in eine Richtung entlang des Axons weitergegeben werden. Die Erregungswelle läuft also im Normalfall vom Axonhügel in Richtung der Synapsen.

Signalkodierung

Beim Überschreiten des Schwellenwertes von ca. −40 mV entstehen nach dem Alles-oder-Nichts-Gesetz APs mit **konstanter Amplitudenhöhe**. Der Vorteil dieser immer gleich hohen Peaks ist, dass die APs auf diese Weise verlustfrei über größere Strecken transportiert werden können. Da die Ausschläge der APs immer gleich groß sind, ist es jedoch nicht möglich, Informationen über die Art und die Stärke eines Reizes anhand der Höhe der Amplituden zu kodieren.

Die Art des Reizes wird unterscheidbar durch die verschiedenen Nervenbahnen der Sinnesrezeptoren, die als „Eingangskanäle" Signale an das Zentralnervensystem weitergeben. Als Rezeptoren dienen meist umgewandelte Neuronen, die Reize aufnehmen und die Reizinformation weitergeben können (siehe S. 78). Die Kodierung der Reizstärke erfolgt **frequenzmoduliert** durch die Häufigkeit der Impulse, d. h., je nach Reizstärke werden unterschiedlich viele APs pro Zeiteinheit übertragen. Der vollständige Ablauf eines AP beträgt im Mittel 2 Millisekunden. Das bedeutet, dass ein Axonabschnitt maximal 500-mal pro Sekunde depolarisiert werden kann.

Arten der Erregungsleitung

Bei Wirbellosen erfolgt die **kontinuierliche Erregungsleitung** entlang markloser Axone durch die Ausbreitung der Depolarisation auf die jeweils benachbarten, entgegengesetzt gepolten Gebiete. Diese bei einer Erregungswelle auftretenden Bewegungen elektrischer Ladungen werden **lokale Ströme** genannt.

Die Leitungsgeschwindigkeit an marklosen Axonen ist relativ gering und liegt bei maximal 20 m/s. Da die Ausbreitung der lokalen Ströme vom Innenwiderstand des Axons abhängt, und dieser wiederum durch den Durchmesser bestimmt wird, besitzen hoch entwickelte Wirbellose wie Tintenfische sogenannte **Riesenaxone** mit einem Durchmesser von bis zu 1 mm.

Wirbeltiere erreichen mit der **saltatorischen Erregungsleitung** bei einem Axondurchmesser von maximal 20 µm eine Geschwindigkeit von bis zu 100 m/s. Bei den markhaltigen Axonen „springt" das AP über die Myelinscheiden zum nächsten Ranvierschen Schnürring. Myelin enthält kaum Ionenkanäle und stellt einen guten elektrischen Isolator dar. Lokale Ströme pflanzen sich deshalb im Axon über und unter der Myelinscheide fort. Depolarisierbar sind jeweils nur die freien Axonabschnitte im Bereich der Schnürringe. Neben der größeren Geschwindigkeit arbeitet dieses System sehr effizient, da nur im Bereich der Ranvierschen Schnürringe Energie für Ionenpumpen benötigt wird und nicht, wie bei marklosen Axonen, auf der gesamten Oberfläche.

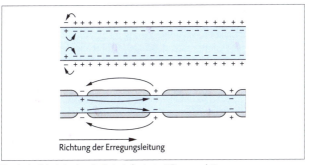

Kontinuierliche (oben) und saltatorische (unten) Erregungsleitung

3.3 Erregungsleitung an Synapsen

Synapsen sind die Verbindungsstellen der Axone und ihrer Verzweigungen (präsynaptischer Teil) mit einer nachgeschalteten Zelle (postsynaptischer Teil), z. B. einem anderen Neuron. Ein einzelnes Neuron kann mit bis zu zehntausend synaptischen Endknöpfchen anderer Neuronen bedeckt sein, sodass eine sehr große Anzahl von Verschaltungsmöglichkeiten zustande kommt.

Synapsentypen

Elektrische Synapsen verbinden das Zytoplasma des prä- und des postsynaptischen Teils direkt über spezielle Transmembrankanäle aus Proteinen, die sog. **Connexons**. Die APs können sehr schnell und unverändert auf die nachgeschaltete Zelle übertragen werden. Die Connexons können durch äußere Faktoren (Änderung des pH-Wertes oder Einstrom von Ca^{2+}-Ionen) geöffnet oder geschlossen werden und so die Weiterleitung von Erregungen steuern. Elektrische Synapsen findet man wegen ihrer hohen Geschwindigkeit bei Neuronverschaltungen lebenserhaltender, schneller Reflexe (siehe S. 74).

Chemische Synapsen übertragen Erregungen mithilfe von chemischen Botenstoffen, den **Transmittern**, über einen elektrisch isolierenden Spalt. Je höher die Aktionspotenzialfrequenz ist, d. h. je mehr Impulse pro Zeiteinheit eintreffen, desto mehr Transmittermoleküle werden ausgeschüttet. Die an der präsynaptischen Membran freigesetzten Transmitter diffundieren durch den synaptischen Spalt und lösen an der postsynaptischen Membran durch Andocken an Rezeptormoleküle ein **postsynaptisches Potenzial** (PSP) aus (s. u.).

An erregenden (exzitatorischen) Synapsen führt die Ankopplung des Transmitters an den Rezeptor zur Öffnung von Natriumionenkanälen. Durch den Einstrom von Natriumionen in die postsynaptische Zelle entsteht ein exzitatorisches postsynaptisches Potenzial **(EPSP)**. Damit kommt es am Axonhügel des Neurons zur Ausbildung eines AP.

Bei einer hemmenden (inhibitorischen) Synapse binden sich die Transmitter dagegen an Rezeptoren, die K^+- oder Cl^--Ionenkanäle öffnen. Es kommt zu einer kurzen Hyperpolarisation der Membran, einem sog. inhibitorischen postsynaptischen Potenzial **(IPSP)**.

Die an einem Neuron eingehenden PSPs werden miteinander verrechnet und führen zu einem bestimmten Erregungszustand. Werden die Signale mehrerer Synapsen miteinander verrechnet, spricht man von **räumlicher Summation**. Bei der **zeitlichen Summation** werden die hintereinander eintreffenden Signale einer Synapse addiert.

Bau und Funktion von chemischen Synapsen

Grundsätzlich besteht eine chemische Synapse aus einem präsynaptischen (Axon-)Endknöpfchen, dem synaptischen Spalt und der postsynaptischen Membran mit ihren speziellen Strukturen. Die Erregungsübertragung an einer chemischen Synapse kann in verschiedene Phasen eingeteilt werden. Als Beispiel dient die Übertragung an einer erregenden Synapse mit Acetylcholin als Transmittermolekül:

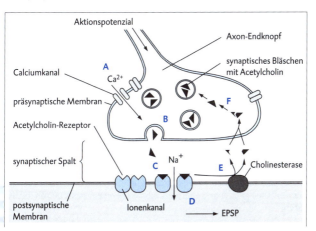

A Ein eintreffendes AP führt zur Öffnung spannungsabhängiger **Calciumionenkanäle**, Ca^{2+}-Ionen strömen in das synaptische Endknöpfchen ein (die Ca^{2+}-Ionen werden anschließend durch Ionenpumpen wieder hinausgepumpt).

B Transmittergefüllte **Vesikel** verschmelzen mit der präsynaptischen Membran und geben das Acetylcholin in den synaptischen Spalt ab.

C Nachdem die Transmittermoleküle durch den Spalt diffundiert sind, koppeln sie an spezifische **Rezeptoren** der Natriumionenkanäle auf der postsynaptischen Membran an.

D Die **Natriumionenkanäle** öffnen sich, Na^+-Ionen strömen ein. Durch die Depolarisation der Membran entsteht ein EPSP.

E Das Enzym **(Acetyl-)Cholinesterase** spaltet den Transmitter Acetylcholin in Essigsäure (Acetat) und Cholin.

F Die Transmitterbruchstücke werden über die präsynaptische Membran aufgenommen, unter Energieverbrauch wieder zum vollständigen Transmitter Acetylcholin zusammengesetzt und in Vesikel eingeschlossen.

Rezeptorgruppen und wichtige Transmitter

Chemische Synapsen nutzen zur Erregungsübertragung eine Vielzahl verschiedener Transmitter mit unterschiedlicher Funktion, z. B.:

Transmitter	Bedeutung (u. a.)
Acetylcholin (ACh)	Steuerung von Muskelzellen (hemmend und erregend)
γ-Aminobuttersäure (GABA)	hemmende Wirkung im Neocortex
Glutaminsäure	erregende Wirkung im Neocortex
Dopamin	erregende Wirkung im Mittelhirn
Serotonin	dämpfende Wirkung im Hypothalamus
Noradrenalin	Stressbewältigung im Gehirn, Herz, ZNS

Rezeptormoleküle für Transmitter können in zwei Gruppen unterteilt werden: die ligandengesteuerten und die G-Protein-gesteuerten Rezeptoren.
- Bei den **ligandengesteuerten** (oder ionotropen) Rezeptoren öffnet sich im Rezeptormolekül sofort beim Andocken der Transmittermoleküle (z. B. Glutaminsäure oder GABA) ein Ionenkanal und die entsprechenden Ionen können in die postsynaptische Zelle fließen.
- **G-Protein-gesteuerte** (oder metabotrope) Rezeptoren sind indirekt über ein Second-Messenger-System (Zweitbotensystem, siehe S. 86 f.) über sog. G-Proteine an Ionenkanäle gekoppelt und lösen so indirekt und relativ langsam eine postsynaptische Reaktion aus.

Drogen und Medikamente

Als Drogen wirksame Substanzen können im Bereich der Synapsen natürliche Transmitter wie Dopamin ersetzen und verdrängen. Da die Produktion des natürlichen Transmitters dann allmählich versiegt, ist der Körper auf die ständige Zufuhr der Droge angewiesen, um das Wohlbefinden zu sichern **(physische Abhängigkeit)**.

Dopamin hat z. B. eine erregende Wirkung und kann durch die halbsynthetische Droge LSD ersetzt werden. Amphetamine setzen dagegen große Mengen an Dopamin frei und wirken so unnatürlich anregend.

Auch beruhigende Medikamente wie Valium wirken wie natürliche Transmitter, in diesem Fall wie GABA, teilweise aber viel intensiver. Hier ist also ebenfalls ein hohes Suchtpotenzial gegeben.

Synapsengifte

Viele Nervengifte greifen im Bereich von interneuronalen oder neuromuskulären Synapsen an. Im ersten Fall kommt es zu Störungen der Verarbeitung und Wahrnehmung von Reizen sowie von Steuerungsprozessen. Im zweiten Fall treten **Lähmungen** der willkürlichen Muskulatur auf, die durch Ausfall der Herz- und Atemmuskulatur gefährlich werden können. Im Bereich der neuromuskulären Synapsen gibt es verschiedene Wirkungsmechanismen, die teilweise zu den gleichen Lähmungserscheinungen führen.

Synapsengift	Wirkmechanismus	Auswirkung	
Botulinumtoxin, Bakteriengift	Verhinderung der ACh-Ausschüttung	Atemlähmung	Schlaffe Lähmungen
Curare, Pfeilgift	Blockierung der ACh-Rezeptoren	Atemlähmung	
Atropin, Gift der Tollkirsche	Blockierung der ACh-Rezeptoren	Atemlähmung	
Latrodectin, Gift der Schwarzen Witwe	andauernde Entleerung der ACh-Vesikel	Atemlähmung	Starre Lähmungen (Krämpfe)
Alkylphosphate, in chemischen Kampfstoffen und veralteten Insektiziden	Hemmung der Cholinesterase	Atemlähmung	
Nikotin, Gift der Tabakpflanze	ACh-Analogon (gleiche Wirkung wie ACh, aber nicht durch die Cholinesterase abbaubar)	Atemlähmung	
Tetanustoxin, Bakteriengift	Blockierung der Rezeptoren hemmender und damit entspannend wirkender Synapsen	Wundstarrkrampf	

Motorische Synapsen und Muskelfunktion

Eine Sonderform der synaptischen Verbindung stellen motorische Synapsen (= motorische oder neuromuskuläre Endplatten) dar, die am Ende der zahlreichen Axon-Verzweigungen motorischer Neuronen die Verbindung zu Muskelfasern herstellen. Die flachen Endknöpfchen der Motoneuronen liegen auf **quer gestreiften Muskelfasern** auf, deren Membran im Bereich der Synapse tief gefurcht ist.

Jeder Skelettmuskel besteht aus mehreren Muskelfaserbündeln, die in einer gemeinsamen Bindegewebshülle vorliegen. Die Muskelfasern sind wiederum aus den Muskelfibrillen aufgebaut. Das **Sarkomer**, die kleinste Einheit einer Muskelfibrille, besteht aus den Eiweißfilamenten **Aktin** und **Myosin** und wird rechts und links durch die sogenannten Z-Scheiben begrenzt.

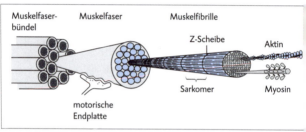

Muskelaufbau

Als Folge eines ankommenden Aktionspotenzials wird an der neuromuskulären Synapse der Transmitter Acetylcholin freigesetzt. Die anschließende Depolarisation der postsynaptischen Muskelzellenmembran bewirkt, dass über ein System von Mikrotubuli aus dem endoplasmatischen Retikulum der Muskelfibrillen, dem sog. **sarkoplasmatischen Retikulum**, Calciumionen freigesetzt werden. Dies bewirkt eine kurzzeitige Verbindung zwischen Aktin- und Myosinfasern. Die physiologischen Grundlagen der dadurch ausgelösten Kontraktion der Muskelfasern werden durch das **Gleit-Filament-Modell** beschrieben.

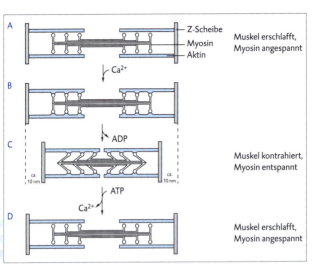

A Im erschlafften Zustand der Muskeln liegen die Sarkomere gestreckt vor. Die Myosinfilamente sind durch „Ladung" mit ATP-Energie in einer energiereichen Konformation, sie gleichen einem angespannten Hebel.

B Durch die Bindung von **Ca^{2+}-Ionen** wird die Aktinstruktur so verändert, dass Bindungsstellen für die Anheftung der energiegeladenen Myosinköpfchen frei werden.

C Die Bindung an das Aktin bewirkt bei den Myosinköpfchen die Freisetzung der gespeicherten Energie und den Übergang in eine entspannte Konformation. Durch dieses **Umklappen** zur Mitte des Sarkomers hin bewegen sich die Z-Scheiben aufeinander zu, der Abstand verringert sich auf beiden Seiten um ca. 10 nm.
Die Verkürzung erfolgt durch das Ineinandergleiten der Filamente, ohne dass diese ihre Länge verändern.

D Durch die bei der **ATP-Spaltung** frei werdende Energie löst sich das Myosinköpfchen vom Aktin und geht wieder in die gespannte Hebelposition über. Die Ca^{2+}-Ionen werden in das sarkoplasmatische Retikulum zurückgepumpt.

3.4 Nervensysteme

Bereits die einfachsten mehrzelligen Tiere besitzen differenzierte ektodermale Zellen zur Aufnahme und zur Verarbeitung lebenswichtiger Umweltreize. Je differenzierter der Gesamtorganismus ist, desto höher entwickelt ist auch das Nervensystem. Mit zunehmender Komplexität des Körperbaus kommt es auch zu einem erhöhten Regulierungsbedarf (z. B. des Stoffwechsels). Dieser evolutionären Entwicklungstendenz entspricht auch die Spezialisierung in Sinneszellen und Neuronen, die **Zentralisation** der Nervenzellen in Knoten (Ganglien) und die Herausbildung eines Zentralnervensystems.

Die heute lebenden Tiergruppen spiegeln mit ihren verschiedenen Typen von Nervensystemen diese Entwicklung wider.

Netzförmiges Nervensystem
- Hohltiere (Polypen, Quallen)
- Aus wenigen Nervenzellen bestehende Ganglien sind unter dem Ektoderm relativ gleichmäßig verteilt und durch ihre Fortsätze zweidimensional (netzförmig) verknüpft.

Strangförmiges Nervensystem
- Plattwürmer, Rundwürmer
- Es ist ein Zerebralganglion im Kopf ausgebildet, von dem aus verschiedene Nervenstränge bauchseitig (ventral) und auch schwächer rückenseitig (dorsal) durch den Körper ziehen. Die Stränge können durch ringförmige Querstränge verbunden sein.

Strickleiterförmiges Nervensystem
- Gliedertiere (z. B. Ringelwürmer, Gliederfüßer)
- Von einem gehirnartigen Nervenknoten gehen ventrale Ganglienketten aus, die miteinander verknüpft sind (Bauchmark).

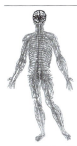

Zentralnervensystem
- Wirbeltiere
- Das Gehirn ist stark differenziert und bildet zusammen mit dem von dort ausgehenden dorsalen Rückenmark das eigentliche Zentralnervensystem (ZNS). Das periphere Nervensystem (PNS) besteht aus Nervensträngen, die den Körper durchziehen und mit dem ZNS verbunden sind.

3.5 Bau und Funktionen des Zentralnervensystems

Bei Wirbeltieren liegt eine starke Zentralisation des Nervensystems im Gehirn, im Rückenmark und in den von dort ausgehenden peripheren Nerven vor. Als Nervenstrang oder Nerv bezeichnet man ein Faserbündel aus Axonen, das von einer gemeinsamen Bindegewebshülle umgeben ist. Nerven, die von den Sinnesorganen zum ZNS ziehen, heißen **afferente Nerven** (aufsteigend, sensibel, sensorisch). Nerven vom ZNS zu den Erfolgsorganen (z. B. zur Muskulatur) werden **efferente Nerven** (absteigend, motorisch) genannt. Innerhalb des Gehirns und des Rückenmarks werden Nervenfaserbündel als Bahnen bezeichnet. Im Gehirn befinden sich die konzentrierten Zellkörper der Neuronen (graue Schicht) außen und die Axonbündel (weiße Schicht) innen. Im Rückenmark ist es umgekehrt.

Gehirn
Das menschliche Gehirn besitzt etwa zehn Milliarden Nervenzellen, die miteinander verknüpft eine sehr hohe Verschaltungsdichte ermöglichen. Nach-, Mittel- und Kleinhirn sowie Teile des Zwischen- und Vorderhirns bilden den phylogenetisch ursprünglichen Teil des Gehirns, das sog. **Stammhirn** (Hirnstamm).

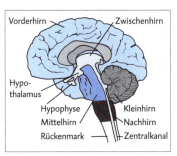

Aufbau des Gehirns

Die einzelnen Teile des Gehirns koordinieren ihre spezifischen Tätigkeiten untereinander. Zu den Grundfunktionen des Gehirns zählen:

Bestandteil	Funktionen
Nachhirn	• Verbindung zwischen Rückenmark und Mittelhirn • Steuerung von Reflexen wie Niesen, Speichel- und Tränenfluss, Husten, Erbrechen, Schlucken • Regelzentrum für Blutdruck, Herzfrequenz und Atemrhythmus
Kleinhirn	• Bewegungskoordination und Gleichgewicht
Mittelhirn	• ursprüngliches Reiz-Reaktions-Zentrum • Schlafregulation und Augenstellung • Reflexzentrum
Zwischenhirn	• Hormonsteuerung über Epiphyse und Hypophyse • Regelzentrum des vegetativen Nervensystems • Bildung elementarer Emotionen und Triebe
Vorderhirn (Großhirn)	• Planung und Koordination willkürlicher Bewegungen • Wahrnehmung • Empfindung • Assoziation • Gedächtnis • Lernen • Denken

Als **Gedächtnis** wird die Eigenschaft neuronaler Systeme bezeichnet, aufgenommene Informationen zu speichern und diese bei Bedarf als Erfahrung wieder abrufen zu können.

Der Mechanismus der **Informationsspeicherung** in den zuordenbaren Feldern des Vorderhirns ist wegen der komplexen Vorgänge bis heute noch nicht vollständig aufgeklärt. Hypothesen gehen davon aus, dass **synaptische Verschaltungen** die Basis für neuronale Speicherprozesse sind. Diese werden umso effizienter und schneller, je häufiger sie „benutzt" werden. Wiederholt eintreffende Informationen führen zu festen **Leitungsmustern** und können damit schnell wieder aufgerufen werden. Eine Gruppe von Glykolipiden (Ganglioside) scheint diese Leistungssteigerung im Bereich der synaptischen Membranen zu unterstützen. Nach Speicherdauer und Kapazität (die Einheit „bit" umfasst die kleinste Informationsmenge, die sich durch eine Ja-Nein-Entscheidung erfragen lässt) kann man verschiedene Gedächtnisstufen unterscheiden:

Gedächtnis-stufe	Geschätzte Kapazität	Speicherdauer	Beispiel
Kurzzeit-gedächtnis	400 bit	wenige Sekunden	einzelne Wörter eines zusammenhängenden Textes
Mittelfristiges Gedächtnis	10 000 bit	bis zu einigen Tagen	erlernte Fakten vor einer Klausur
Langzeit-gedächtnis	10^{14} bit	viele Jahre	die erste große Liebe

Rückenmark

Das Rückenmark durchzieht den Wirbelkanal der **Wirbelsäule** und verbindet das Gehirn mit dem Körper. Im Rückenmark befinden sich efferente und afferente Nervenbahnen sowie Reflexzentren. An den hinteren Fortsätzen der schmetterlingsförmigen grauen Substanz (Hinterhorn) enden Nervenstränge, die von Sinnesorganen kommen, und an den Vorderhörnern entspringen motorische Nerven zur Steuerung der Muskulatur.

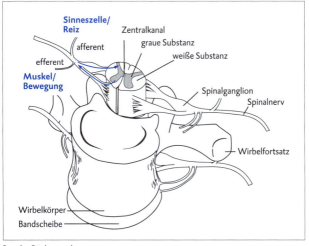

Bau des Rückenmarks

Reflexe

Reflexe sind schnelle und immer gleich ablaufende Antworten auf einen aufgenommenen Reiz. Meist handelt es sich um **Schutzreaktionen**, deren Abläufe das Gehirn zwar nachträglich wahrnimmt, aber nicht bewusst auslösen oder kontrollieren kann.

Die Grundlage auch komplizierter Reflexe sind die sog. Reflexbögen, einfache angeborene **Reiz-Reaktions-Ketten**, die auch als **unbedingte Reflexe** bezeichnet werden.

Wenn ein adäquater (passender) Reiz auf eine spezifische Rezeptorzelle trifft, wird dort je nach Reizstärke eine Serie von Aktionspotenzialen ausgelöst, die über afferente Nerven und Nervenbahnen zu einem Reflexzentrum (im einfachsten Fall zu einem Schaltneuron) im Rückenmark oder Hirnstamm geleitet werden. Die eintreffenden Erregungen werden bewertet und je nach Notwendigkeit werden wiederum Aktionspotenziale auf efferenten Leitungsbahnen ausgelöst, die zu Erfolgsorganen (Effektoren) führen. Dort entsteht eine spezifische Reaktion. Das kann z. B. eine Muskelbewegung des Armes sein, durch die ein aufdringliches Insekt abgewehrt wird.

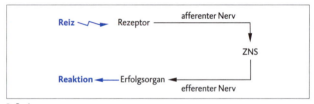

Reflexbogen

Trifft ein reflexauslösender Reiz häufiger gleichzeitig mit einem anderen (neutralen) Reiz zusammen, kann es zu einer mehr oder weniger dauerhaften Verschaltung des Reflexzentrums mit dem Wahrnehmungszentrum kommen. Als Ergebnis erfolgt die typische Reflexantwort auf den neutralen Reiz, auch wenn dieser allein auftritt. Richtet man zum Beispiel einen kurzen, heftigen Luftzug auf ein Auge, wird der Lidschlagreflex ausgelöst. Wenn im Moment des Luftzuges einige Male ein Pfeifton erzeugt wird, kommt es auch dann zum Lidschlagreflex, wenn nur gepfiffen wird. Solche sog. **bedingten Reflexe** sind die Grundlage elementarer Lernvorgänge, der **Konditionierungen**.

Nerven und Nervensysteme / 75

Vegetatives Nervensystem
Das vegetative Nervensystem ist ein Teil des peripheren Nervensystems. Es regelt in Kooperation mit dem Hormonsystem (Nebenniere, Bauchspeicheldrüse, siehe S. 85) **unwillkürliche**, weitgehend vom Willen unabhängige, aber lebensnotwendige Körperfunktionen wie z. B. Atemtätigkeit, Herztätigkeit und Blutkreislauf, Verdauung und Pupillenöffnung.

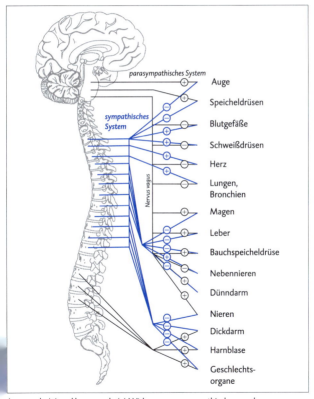

Anregende (+) und hemmende (–) Wirkungen von sympathischem und parasympathischem System auf verschiedene Organe

Zur Regulation der unwillkürlichen Körperfunktionen existieren zwei anatomisch und funktionell unterschiedliche, entgegengesetzt wirkende Teilsysteme.

- Die Bahnen des **Sympathikus** gehen vom zentralen Teil der Wirbelsäule aus und stehen mit vegetativen Zentren des Hirnstamms in Verbindung. Die peripheren Nerven des Sympathikus bestehen aus den parallel zur Wirbelsäule verlaufenden Grenzsträngen, die mit den Wirbelsäulensegmenten und den inneren Organen in Verbindung stehen. Aufgaben des sympathischen Anteils sind die **Leistungssteigerung** und Erregung des Körpers.
- Die Nervenbahnen des **Parasympathikus** (z. B. der *Nervus vagus*) ziehen vom Hirnstamm aus in den Körper. Ein zweites Ausgangszentrum liegt im Bereich der Steißbeinwirbel. Aufgaben des parasympathischen Systems sind **Beruhigung**, Abschwächung von Erregung und die Einsparung von Energieressourcen.

Die durch das vegetative Nervensystem beeinflussten inneren Organe sind immer **doppelt inerviert**, d. h., sie werden von beiden Teilsystemen gesteuert. Dabei hebt die Wirkung des einen Systems die des jeweils anderen auf. Die Organtätigkeit wird also gesteigert oder verringert, je nachdem, welches der beiden Teilsysteme (stärker) aktiv ist.

3.6 Erkrankungen des Nervensystems

Durch den langsamen, unaufhaltsamen Tod von Nervenzellen kann es zu sog. neurodegenerativen Krankheiten mit unterschiedlichen körperlichen Auswirkungen kommen, z. B. Alzheimersche Krankheit, Chorea Huntington, Creutzfeldt-Jakob-Erkrankung, Parkinsonsche Krankheit. Erkrankungen des Nervensystems haben meist auch Auswirkungen auf die Psyche der Betroffenen. Man unterscheidet dabei zwischen Erkrankungen mit physischer (organischer) und psychischer Ursache.

Psychosen

Bei Psychosen liegt ein **organisches**, physisches Versagen von Teilen des Nervensystems vor. Neben den körperlichen Folgen der Fehlsteuerung werden die Persönlichkeiten der Betroffenen zunehmend zerstört. Die Gruppe der **exogenen Psychosen** lässt sich auf Verletzungen, zerstörerische Infektionen (z. B. Meningitis), Stoffwechselstörungen, Erbkrankheiten oder Vergiftungen mit Drogen zurückführen. Sie wirken sich z. B. in Denk- und Wahrnehmungsstörungen (Halluzinationen) oder situativ unangepasstem Verhalten aus.

Es gibt auch **endogene Psychosen**, die nicht auf offensichtlichen körperlichen Veränderungen beruhen, sondern vermutlich durch phasisch auftretende biochemische Störungen der Transmitter hervorgerufen werden können. Dazu gehören:

- **Schizophrenie:** vielseitiges Erscheinungsbild der mangelhaften Kontrolle von logischen Denkprozessen und Wahrnehmungen, teilweise begleitet von Halluzinationen und andere Wahnvorstellungen
- **Manie:** euphorische, unmotivierte Handlungen mit starkem Rededrang, Selbstüberschätzung bis zum Größenwahn, stark schwankende Stimmungen und Handlungen, teilweise Depressionen (manisch-depressive Zustände)

Neurosen

Bei Neurosen fehlen sichtbare organische Schäden des Nervensystems. Die Störungen sind **psychischer** Natur.

Neurosen äußern sich in Unbehagen, unbegründeten Angstzuständen unterschiedlichen Ausmaßes oder in unangepasstem Verhalten.

Erkrankung	Merkmale
Dysthemie	neurotische Depressionen, meist mit konkreter Ursache im persönlichen Bereich
Ängste	ausgehend von realen Situationen können sich Ängste verselbstständigen und dadurch dauerhaft, grundlos und ungerichtet werden, z. B. Trennungsängste bei Kindern
Phobien	überproportionale Furchtzustände gegenüber verschiedenen Objekten (z. B. Hunden oder engen Räumen), soziale Phobien äußern sich in der panischen Angst vor sozialen Situationen (z. B. jemanden nach dem Weg zu fragen)
Panikattacken	periodisch auftretende unbegründete, heftige Todesängste
posttraumatische Neurose	Folgen von traumatisierenden Erlebnissen wie Kriegen, Vergewaltigungen und anderen Gewalttaten oder Katastrophen, die besonders im Traum immer wieder erlebt werden. Die Betroffenen leiden zunehmend unter anderen Neurosen und isolieren sich selbst.

4 Rezeptoren und Sinnesorgane

Um überleben zu können, muss ein Organismus wechselnde Bedingungen erkennen und sich darauf einstellen können. Die Aufnahme und Verarbeitung von Umweltreizen wie Licht oder Temperatur, aber auch von Reizen innerhalb eines Organismus erfolgt durch Rezeptoren. Diese „umgebauten" Neuronen sind oft in spezialisierten Sinnesorganen zusammengefasst.

4.1 Rezeptoren

Rezeptoren oder **Sinneszellen** sind spezifisch für den Reiz, den sie aufnehmen und verarbeiten können. Nach der Art des aufgenommenen (adäquaten) Reizes kann man die Rezeptoren in vier Gruppen einteilen:

Rezeptortyp	aufgenommene äußere Reize	aufgenommene innere Reize
Fotorezeptor	Licht	–
Mechanorezeptor	Druck, Geräusche	Veränderungen in der Körperhaltung, Orientierung im Raum, Muskelspannung
Chemorezeptor	Geschmack, Geruch	Glucosegehalt, pH-Wert oder Sauerstoffsättigung des Blutes
Thermorezeptor	Außentemperatur	Körpertemperatur

Nimmt eine **primäre Sinneszelle** (z. B. Seh- und Geruchssinneszelle) einen adäquaten Reiz auf, so entsteht ein sog. **Rezeptorpotenzial**, das proportional zur Reizstärke ist und so lange andauert, wie der Reiz auf die Sinneszelle einwirkt. Das Rezeptorpotenzial breitet sich durch kontinuierliche Erregungsleitung bis zum Axon der Sinneszelle aus, wo es bei Überschreitung des Schwellenwertes Aktionspotenziale auslösen kann (siehe S. 60 f.). Die Höhe des Rezeptorpotenzials (also die Reizstärke) wird dabei in eine AP-Frequenz umgewandelt. **Sekundäre Sinneszellen** (z. B. Gehörsinn) können keine Aktionspotenziale erzeugen. Ihr Rezeptorpotenzial wird zunächst an ein nachgeschaltetes Neuron übertragen, das dann die Weiterleitung übernimmt.

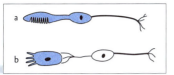

Primäre (a) und sekundäre (b) Sinneszelle

Bei gleichbleibender Reizstärke kann es zu einer **Adap(ta)tion** der Rezeptoren kommen. Die Empfindlichkeit gegenüber lang anhaltenden Reizen ist je nach Sinneszellentyp unterschiedlich. Bei phasischen und phasisch-tonischen Sinneszellen (z. B. Geruchssinn, Lichtsinn) fällt die AP-Frequenz mit der Zeit ab, die Zelle adaptiert sich an den Reiz. Tonische Sinneszellen (z. B. Schmerz) „feuern" dagegen während der gesamten Reizdauer mit gleichbleibender Intensität.

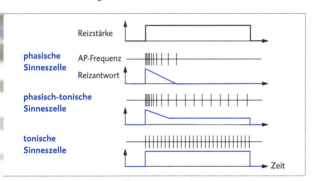

Adaptation verschiedener Sinneszellentypen an einen konstanten Reiz

4.2 Lichtsinnesorgane

Lichtsinnesorgane sind mit Fotorezeptoren ausgestattet, die **Lichtenergie** in einem bestimmten Spektralbereich absorbieren und in Erregungen afferenter Nerven umwandeln können.

Typen von Lichtsinnesorganen

Im Verlauf der Evolution haben sich verschiedene Lichtsinnesorgane mit unterschiedlicher Leistungsfähigkeit herausgebildet, die heute bei den verschiedenen Tiergruppen zu finden sind.

Hautlichtsinn
- Ringelwürmer
- Einzelne Fotorezeptoren in der Epidermis
- Einfaches Hell-Dunkel-Sehen, Wahrnehmung verschiedener Lichtintensitäten

Flachauge
- Hohltiere, Stachelhäuter
- Lichtsinneszellen liegen als Epithel (Oberflächenschicht) konzentriert vor
- Ungefähre Wahrnehmung der Lichtrichtung

Becherauge
- Strudelwürmer, Lanzettfischchen
- Lichtsinnesepithel liegt in einer Vertiefung der Haut
- Richtungssehen, Wahrnehmung einfacher Bewegungen

Grubenauge
- Einige Weichtiere (z. B. Napfschnecke)
- Lichtsinnesepithel liegt in einer sehr tiefen Grube
- Einfaches fokussiertes, aber unscharfes Sehen, Wahrnehmung einfacher Bewegungen

Blasenauge (Lochauge)
- Weichtiere (z. B. Weinbergschnecke, *Nautilus*)
- Lichtsinnesepithel liegt in einer sehr tiefen Grube mit nur einer kleinen Lichteintrittsöffnung
- Gut fokussiertes, relativ scharfes Sehen, Wahrnehmung einfacher Formen und Bewegungen

Komplexauge (Facettenauge, Netzauge)
- Gliedertiere (Insekten, Krebstiere)
- Lichtsinnesepithel liegt in vielen einzelnen, optisch isolierten Augen (Ommatidien). Im Gehirn werden die Einzelwahrnehmungen zum Mosaikbild zusammengesetzt.
- Hohes zeitliches Auflösungsvermögen, Wahrnehmung der Schwingungsrichtung des Lichts

everses Linsenauge
- Höher entwickelte Weichtiere (Tintenfische)
- Licht wird durch die Lichteintrittsöffnung (mit Blende und kugelförmiger gallertartiger lichtbrechender Linse) auf ein Lichtsinnesepithel projiziert, dessen lichtempfindliche Seite dem Licht zugewandt ist (evers).
- Gute Wahrnehmung von Formen und Bewegungen

Inverses Linsenauge

Wie das everse Linsenauge ist das inverse Linsenauge der Wirbeltiere blasenförmig. Die Lichteintrittsöffnung ist mit einer **Blende** und einer **abgeflachten Linse** versehen. Die Projektion des Bildes erfolgt umgekehrt und verkleinert auf eine Epithelschicht von Sehsinneszellen (**Netzhaut**, Retina), deren lichtempfindliche Seite vom Licht abgewandt ist (invers).

Um unterschiedlich weit entfernte Gegenstände scharf auf der Netzhaut abbilden zu können, kann die Brechkraft der elastischen Linse mithilfe der Ciliarmuskeln und der Linsenbänder verändert werden (**Akkommodation**). Zum Nahsehen wird die Brechkraft der Linse durch Kontraktion der Ciliarmuskeln erhöht.

Die Anpassung an unterschiedliche Helligkeiten durch Verkleinerung des Pupillendurchmessers und die phasisch-tonische Reaktion der Fotorezeptoren nennt man die **Adaptation** des Auges.

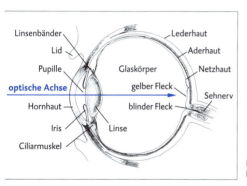

Bau des menschlichen Auges

Die Fotorezeptoren der Netzhaut sind am dichtesten im Bereich der optischen Achse, dem **gelben Fleck**. Im Bereich des abgehenden Sehnervs befinden sich keine Fotorezeptoren, daher ist dort der sog. **blinde Fleck**.

Die Querverschaltungen sowohl der Sinneszellen als auch der nachgeschalteten Neuronen untereinander ermöglichen die Signalverstärkung schwacher Lichtimpulse, die Verrechnung der von den unterschiedlichen Fotorezeptoren kommenden Signale sowie die Komprimierung der zum Gehirn fließenden Datenmenge.

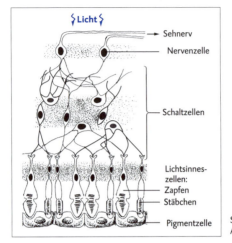

Schema des zellulären Aufbaus der Netzhaut

Zwei Sorten von Fotorezeptoren lassen sich unterscheiden:
- **Stäbchen** dienen wegen ihrer hohen Empfindlichkeit dem **Hell-Dunkel-Sehen,** selbst in der Dämmerung. Ihr Absorptionsmaximum liegt bei ca. 500 nm. Da sie stark über Horizontalzellen verschaltet sind, können Bewegungen verfolgt werden. Außerdem werden mit ihnen Kanten und Umrisse scharf wahrgenommen. Die Netzhaut enthält 20-mal mehr Stäbchen als Zapfen (ca. 120 Mio.).
- **Zapfen** sind die Lichtsinneszellen zur **Farbwahrnehmung**. Die überlappende Wahrnehmung der drei Zapfentypen mit unterschiedlichen Absorptionsbereichen, nämlich für blaues, grünes und rotes Licht, deckt das ganze Spektrum des für den Menschen sichtbaren Lichts (zwischen 400 und 800 nm) ab.

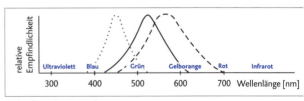

Spektralbereiche der Zapfen

Vorgänge in den Sehzellen

Die Lichtabsorption erfolgt durch die **Rhodopsine**. Dabei handelt es sich um Chromoproteine, die in den Membraneinfaltungen der Lichtsinneszellen liegen. Sie bestehen aus dem Farbstoffmolekül **11-cis-Retinal**, einem Vitamin-A-Derivat, und dem Trägerprotein **Opsin**, das sich bei den Stäbchen und den drei Zapfenarten jeweils in der Struktur unterscheidet. Durch diese vier Isoformen des Rhodopsins kommen die unterschiedlichen Absorptionsmaxima der verschiedenen Fotorezeptoren zustande.

Wird Rhodopsin belichtet, wandelt sich das gebundene 11-cis-Retinal in das isomere **all-trans-Retinal** um, das sich vom Opsin löst. Durch diesen Zerfall angeregtes Opsin führt über einen second messenger (zyklisches Guanosinmonophosphat, cGMP, siehe S. 87) zum Verschluss der im Dunkeln ständig geöffneten Na^+-Ionenkanäle in der Rezeptormembran. Bei Belichtung wird dadurch die Membran hyperpolarisiert und die Transmitterausschüttung der Synapsen gehemmt. Die nachgeschalteten Neuronen (Schaltzellen) wandeln diese Verminderung der Transmitterausschüttung in Aktionspotenziale um und leiten diese zu den Sehzentren des Gehirns, in denen die Wahrnehmung erfolgt. Das all-trans-Retinal fällt nach kurzer Zeit wieder in die 11-cis-Konformation zurück. Unter Energieverbrauch wird anschließend Rhodopsin resynthetisiert. Die spontane Regenerationsrate von Retinal ist aber bei Starklicht oft nicht ausreichend, sodass die Empfindlichkeit der Fotorezeptoren systematisch abnimmt (Netzhaut-Adaptation).

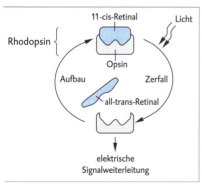

Zyklus des Sehfarbstoffs

4.3 Weitere Sinnesorgane

Das Ohr ist der Sitz des Gehörsinns und des Gleichgewichtssinns. Beim Hören werden von Schallwellen ausgelöste Luftschwingungen von der Ohrmuschel eingefangen, durch den Gehörgang zum Trommelfell weitergeleitet und auf die Gehörknöchelchen (Hammer, Amboss und Steigbügel) im Mittelohr übertragen.

Im Schneckengang des flüssigkeitsgefüllten Innenohrs werden dadurch die Härchen der sekundären Hörsinneszellen gereizt. Über den Hörnerv gelangen Informationen zur Tonhöhe (unterschiedliche Rezeptoren für verschiedene Schwingungsfrequenzen), Lautstärke (Anzahl der Impulse pro Zeit) und Richtung (Verzögerung des Eintreffens des Signals von einem Ohr zum anderen) zum Gehirn.

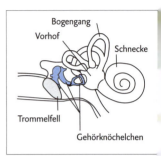

Mittel- und Innenohr

In den Bogengängen und Vorhofsäckchen des Innenohres sitzen Dreh- und Lagesinn, die zusammen den Gleichgewichtssinn bilden. Weitere Sinnesorgane sind die Haut, die Nasenschleimhaut und die Zunge.

Sinnesorgan	Sinn	Eigenschaften
Ohr	Gleichgewichtssinn	Dreh- und Lagesinn melden die Bewegungen und die dreidimensionale Position des Kopfes an das Gehirn
Haut	Tastsinn	Lamellenkörperchen unter der Oberhaut, freie Nervenendigungen um Haarwurzeln
	Temperatursinn	Wärme- und Kälterezeptoren registrieren unterschiedliche Temperaturbereiche
Nase, Zunge	Geruchs-, Geschmackssinn	primäre Sinneszellen der Nase erkennen die unterschiedlichsten chemischen Substanzen, die sekundären Geschmackspapillen der Zunge können nur die vier Grundgeschmacksarten sauer, salzig, süß und bitter unterscheiden

5 Hormone

Das Hormonsystem stellt neben dem neuronalen das zweite Informationssystem zur Regulation von Körperfunktionen dar. Die meisten Hormone (Ausnahme: Neuro- oder Gewebshormone) werden in speziellen **Hormondrüsen** gebildet und sind als Botenstoffe im Blutkreislauf für die langsamere, nachhaltigere Informationsübermittlung über weitere Strecken zuständig.

Die von spezialisierten Zellen des Nervengewebes gebildeten **Neurohormone** kontrollieren über vernetzte Regelsysteme durch Stimulierung (Releasing-Hormone) oder Hemmung (Inhibiting-Hormone) die Exkretion anderer Hormone an den entsprechenden Hormondrüsen. So reguliert das Neurohormon GHRH (Wachstumshormon-Releasing-Hormon) des Hypothalamus z. B. die Freisetzung des Wachstumshormons STH (Somatotropin) aus der Hypophyse.

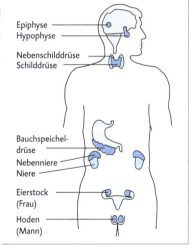

Hormondrüsen des Menschen

5.1 Hormonwirkung und -regulation

Nach ihrer chemischen Struktur unterscheidet man Steroid- und Peptidhormone. Grundsätzlich funktioniert die Signalübermittlung bei beiden Hormonklassen in ähnlicher Form. Nach der **endokrinen Exkretion** (Ausschüttung in das Innere des Körpers) werden die Hormone durch Blut und andere Körperflüssigkeiten im gesamten Organismus verteilt. Die Antwort erfolgt in den **Zielzellen** über entsprechende **Rezeptorstrukturen** zur Bindung des Hormons. In der Zielzelle werden dadurch unterschiedliche Reaktionen ausgelöst, z. B. Veränderungen an Enzymen und Ionenkanälen, die Aktivierung von Genen zur Proteinbiosynthese oder die Exkretion anderer Hormone.

Steroidhormone
Diese Hormone sind in der Lage, durch die Zellmembranen zu diffundieren und an **intrazelluläre Rezeptoren** anzudocken. Der entstehende Hormon-Rezeptor-Komplex lagert sich meist an die DNA an und kann als sog. **Transkriptionsfaktor** die Expression bestimmter Gene aktivieren oder blockieren (siehe (2) S. 29). Zu dieser Gruppe gehören alle lipophilen (fettlöslichen) Steroidhormone wie z. B. Testosteron, Östrogen, Cortisol und Aldosteron sowie die Schilddrüsenhormone.

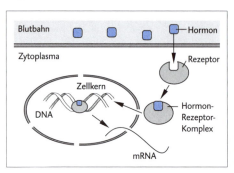

Wirkmechanismus von Steroidhormonen

Peptidhormone
Diese relativ großen und meist negativ geladenen Hormone (first messenger, z. B. Insulin, Glucagon und Somatotropin) können die Zellmembran nicht durchdringen und docken daher an einen **Rezeptor an de**

Außenseite der Zellmembran an. Der Hormon-Rezeptor-Komplex löst durch einen für jedes System spezifischen Mechanismus die Bildung oder Freisetzung eines weiteren Botenmoleküls, des **second messengers**, im Inneren der Zelle aus. Diese sekundären Botenstoffe können die unterschiedlichsten chemischen Strukturen haben (z. B. zyklisches Adenosinmonophosphat (cAMP) oder zyklisches Guanosinmonophosphat (cGMP), Ca^{2+}-Ionen, Zuckerphosphate oder Fette) und sind oft für eine Reihe von verschiedenen Folgereaktionen verantwortlich.
So wird z. B. der second messenger cAMP bei Aktivierung eines entsprechenden Enzyms an der Membraninnenseite durch den Hormon-Rezeptor-Komplex gebildet. cAMP aktiviert wiederum andere Enzyme in der Zelle, die durch ihre Reaktionen die eigentliche Hormonwirkung auslösen.

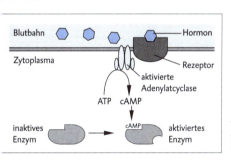

Wirkmechanismus von Peptidhormonen

Hormonelle Regelkreise

Unter Regelung versteht man alle Prozesse, die dazu dienen, in einem Organismus ein relativ stabiles inneres Milieu zu erzeugen und zu erhalten **(Homöostase)**. Die dazu in einem Organismus erforderlichen Abläufe können durch einen sog. **Regelkreis** dargestellt werden.
Zur Aufrechterhaltung des stabilen inneren Milieus müssen alle physiologischen Werte (z. B. pH-Wert, Ionen- und Nährstoffkonzentrationen, Temperatur) als **Regelgrößen** konstant gehalten (Soll-Wert) oder gezielt einer **Führungsgröße** nachgeführt werden. Dazu wird mithilfe eines **Messglieds** (spezifische Rezeptoren) ständig der aktuelle Wert der Regelgrößen (Ist-Wert) bestimmt, der sich durch den Einfluss von **Störgrößen** ständig verändert. Über afferente Nervenfasern oder Hor-

mone erfolgt die Übertragung des Ist-Wertes zum **Regler** (Regulationszentrum). Der Regler vergleicht den Ist-Wert mit dem Soll-Wert bzw. der Führungsgröße und aktiviert bei Abweichungen durch Übertragung eines **Stellwertes** (über efferente Nervenfasern oder Hormone) die Stellglieder. Die **Stellglieder** sind die zur Veränderung der Regelgröße benötigten Erfolgsorgane.

Innerhalb von Regelkreisen kann es zu positiven oder negativen **Rückkopplungen** (feedback) kommen. Bei der im Körper häufig auftretenden negativen Rückkopplung wird im Falle einer zu hohen Regelgröße dasjenige System zurückgefahren, das zur Erhöhung dieser Regelgröße geführt hat. Bei zu geringen Werten wird es wieder stärker aktiviert, sodass die Regelgröße ständig schwankt (oszilliert).

Seltener sind Prozesse, die sich durch positive Rückkopplung selbst verstärken, d. h. bei denen eine Regelgröße (nach Überschreiten eines Schwellenwertes) am Regler ihre eigene Erhöhung bewirkt.

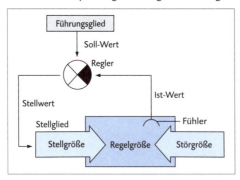

Schema eines Regelkreises

5.2 Regulation der Schilddrüsenaktivität

Über die Bildung von Hormonen in der Schilddrüse reguliert der Körper seine allgemeine Stoffwechselaktivität.

Das in der Schilddrüse gebildete Hormon Thyroxin (Tetraiodthyronin T_4) reguliert nach Umwandlung in Triiodthyronin (T_3) in der Leber den gesamten **Energieumsatz** des Körpers. T_3 steigert die Zellatmung und den Sauerstoffverbrauch sowie den Eiweiß-, Kohlenhydrat- und Fettstoffwechsel.

Die Herstellung von Thyroxin wird wiederum von Zellen im Gehirn und in der Hypophyse gesteuert. Die Regulationsmechanismen können gestört sein, sodass eine **Überfunktion** der Schilddrüse auftritt. In der Folge sind Herztätigkeit, Atmung und Stoffwechsel ständig übernormal gesteigert wie z. B. bei der Basedow-Krankheit. Die chronische **Unterfunktion** der Schilddrüse führt dagegen zu einem allgemein herabgesetzten Stoffwechsel mit schneller Ermüdung und Entwicklungsstörungen bei Kindern. Ernährungsbedingter Iodid-Mangel führt durch ein Ausgleichswachstum zur Vergrößerung der Schilddrüse, dem **Kropf**.

Regulation der Thyroxinausschüttung

Von speziellen sekretorischen Zellen des Hypothalamus (siehe S. 71 f.) wird das Neurohormon TSH-Realising-Hormon (TSH-RH oder **TRH**) gebildet. Dieses führt in der Hypophyse zur Ausschüttung von Thyreotropin (**TSH**), das wiederum die Schilddrüse zur Produktion von **Thyroxin** anregt. Durch eine negative Rückkopplung vermindert ein hoher Thyroxinspiegel im Blut die Bildung von TSH in der Hypophyse.

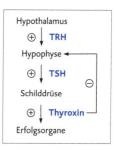

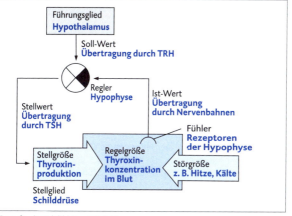

Regelkreis für die Schilddrüsentätigkeit

5.3 Regulation des Blutzuckerspiegels

Der Blutzuckerspiegel wird u. a durch Glucagon und Insulin gesteuert, zwei Peptidhormone, die in den Langerhans-Zellen der Bauchspeicheldrüse produziert werden. **Insulin** bewirkt die Aufnahme von Glucose aus dem Blut in die Zellen von Muskeln und Leber, in denen Energiereserven durch Glykogenbildung und Fettspeicherung angelegt werden. **Glucagon** führt dagegen zum Abbau der Energiespeicher in den Zielgeweben. Beide Hormone beeinflussen also den Blutzuckerspiegel, der sich durch Nahrungsaufnahme oder verstärkten Glucoseverbrauch, z. B. bei körperlicher Anstrengung, ständig verändert.

Durch das geregelte Wechselspiel der beiden Hormone wird die durchschnittliche Glucosekonzentration im Blut bei etwa 1 g pro Liter konstant gehalten. Ständig zu hohe Werte sind Anzeichen für **Diabetes** eine komplexe Stoffwechselstörung, die die Schädigung vieler Organe hervorrufen kann. Zu geringe Werte können einen **hypoglykämischen Schock** (Unterzuckerung) auslösen, der bei länger andauernder Nichtversorgung des Nervensystems mit Glucose zum Tod führen kann.

Regulation des Blutzuckerspiegels

Bei der Blutzuckerregulation arbeiten Hormon- und Nervensystem eng zusammen. Außer dem Insulin-/Glucagon-Mechanismus der Bauchspeicheldrüse beeinflussen noch mehrere weitere regulatorische Systeme die Glucosekonzentration im Blut.

Verändert sich der Blutzuckerspiegel durch Nahrungsaufnahme oder Anstrengung, wird dies von Rezeptorzellen der Bauchspeicheldrüse und des **Hypothalamus** registriert. Das Zwischenhirn beeinflusst daraufhin über das **vegetative Nervensystem** die Exkretion von Insulin und Glucagon aus der **Bauchspeicheldrüse** sowie von Adrenalin bzw. Noradrenalin aus dem **Nebennierenmark**. Die Stresshormone Adrenalin und Noradrenalin fördern in den Zielzellen ähnlich wie Glucagon den Fett- und Glykogenabbau. Sympathikus und Parasympathikus wirken zusätzlich direkt auf einige der Erfolgsorgane ein.

Über das „Zwischenglied" der **Hypophyse** reguliert der Hypothalamus weiterhin die Ausschüttung von Thyroxin aus der **Schilddrüse**. Durch seine allgemein umsatzsteigernde Wirkung führt Thyroxin ebenfalls zu einer Verringerung des Blutzuckerspiegels. Andere Hypophysenhormone können auf einem alternativen Weg die Adrenalinproduktion der Nebennieren zusätzlich steigern.

Hormone / 91

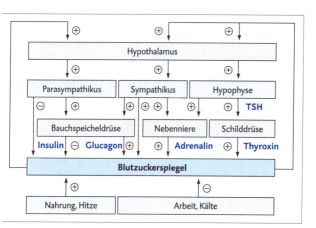

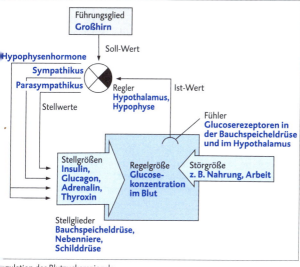

Regulation des Blutzuckerspiegels

5.4 Stressreaktionen

Aus biologischer Sicht ist Stress eine unspezifische physiologische Reaktion auf Stressoren (Umweltreize, die Stress auslösen können), die zur Erhöhung der Leistungsfähigkeit und Reaktionsbereitschaft des Gesamtorganismus führt. Die Stress auslösenden Faktoren können in drei Gruppen eingeteilt werden:
- **Physische Stressoren:** Hitze, Kälte, Lärm, Hunger, Infektionen und Verletzungen, Drogen oder Chemikalien
- **Psychische Stressoren:** Ängste, psychische Leistungsüberforderung, Prüfungssituationen
- **Soziale Stressoren:** Gedränge, (familiäre) Konflikte, Mobbing

Stressoren lösen nach ihrer Wahrnehmung durch die Sinnesorgane spezifische neuro-hormonale Reaktionen aus, die in ihrer ursprünglichen Funktion erfolgreichere Angriffs-, Flucht- oder Abwehrreaktionen er möglichen sollen **(Fight-or-flight-Syndrom)**.

In der ersten Phase, der Alarmreaktion, kommt es zu einer Aktivierung des Sympathikus mit einigen direkt zu beobachtenden Folgen (z. B. Pupillenerweiterung, Bronchienerweiterung, erhöhter Blutdruck, erhöhte Herz- und Atemfrequenz). Weiterhin wird durch den Sympathikus das Nebennierenmark zur Exkretion von **Adrenalin** und **Noradrenalin** angeregt. Die Folgen sind u. a. Blutdruckerhöhung durch Gefäßverengung, Erweiterung der Bronchien, Freisetzung von Fettreserven, Erhöhung des Blutzuckerspiegels sowie die Stimulation der Aufmerksamkeit.

Die **Hypophyse** steuert die weitere hormonelle Reaktion: Das Adreno Corticotropine Hormon (ACTH) stimuliert die Nebennierenrinde zur Freisetzung von **Cortisol**, das wiederum weitere Reserven an Atmungssubstraten wie Glucose, Fettbestandteile und Aminosäuren freisetzt. Die maximale Widerstandsfähigkeit ist jetzt erreicht. Es können optimale körperliche Reaktionen erfolgen, die zum Verbrauch der zusätzlich mobilisierten Ressourcen führen **(Eustress)**.

Bei lang anhaltender Wirkung von Stressoren **(Dauerstress)** ohne Erholungsphasen kommt es zur Erschöpfung mit Anpassungsproblemen und Erkrankungen wie chronisch hohem Blutdruck, Diabetes, Herz-Kreislauf-Erkrankungen, Schwächung des Immunsystems oder dauerhaften Entzündungen. Solche als **Distress** bezeichneten Erscheinungen sind typisch für Menschen, die körperlich wenig beansprucht werden und **ständig** physischem und sozialem Stress ausgesetzt sind.

6 Reizbarkeit bei Pflanzen

Nicht nur Tiere können auf Außenreize reagieren, ihren Stoffwechsel anpassen oder ihre Entwicklung regulieren. Auch Pflanzen haben diese Möglichkeiten.

6.1 Phytohormone

Bei Pflanzen wurden mehrere Gruppen von Regulatormolekülen identifiziert, die im weitesten Sinne die Funktionen von Hormonen erfüllen. Die Verbreitung der **Phytohormone** (Pflanzenhormone) erfolgt direkt von Zelle zu Zelle über Plasmodesmen, Leitbündel oder Interzellularräume. Sie werden also nicht wie bei Tieren durch Kreislaufsysteme verbreitet. Deshalb sind auch Regelungsvorgänge kaum möglich. Die Ausschüttung von Phytohormonen wird durch äußere Faktoren oder den Entwicklungsfortschritt des jeweiligen Gewebes induziert und steuert den **Zellstoffwechsel**, das **Wachstum** und die **Differenzierung** des Gewebes sowie die **Kommunikation** zwischen den Zellen ohne Feedback-Möglichkeit. Bisher sind acht Gruppen durchweg kleiner Phytohormonmoleküle bekannt.

Phytohormon	Wirkung
Auxine	Kontrolle von Streckungs- und Dickenwachstum, Blattfall, Knospen- und Fruchtentwicklung
Cytokinine	Regulation von Teilungswachstum und Alterungsvorgängen
Gibberelline	Regulation von Streckungswachstum (Verlängerung der Sprossachse), Pollenentwicklung und Fruchtwachstum
Abscisinsäure	Hemmung von Wachstum, Samenkeimung und Knospung, Schließen der Stomata bei Wassermangel
Jasmonate	Regulation von Wachstum, Entwicklung und Blattalterung
Ethen	Entwicklung und Reifung von Früchten, Regulation von Blattalterung und zielgerichtetem Absterben von Zellen
Salicylsäure	Hemmung der Keimung, Resistenzbildung
Brassinosteroide	Regulation der Differenzierung, Erhöhung der Stresstoleranz

6.2 Pflanzenbewegungen

Schwimmende einzellige Algen (aber auch tierische Einzeller und Bakterien) können mithilfe von Geißeln oder durch Drehbewegungen aktive freie Ortsbewegungen vornehmen, die als **Taxien** bezeichnet werden. Diese stehen in Verbindung mit einem äußeren Reiz. Bewegungen in Richtung des Reizes bezeichnet man als **positive** und vom Reiz weg entsprechend als **negative** Taxien. Bei der **Fototaxis** erfolgt die Orientierung nach dem Licht; die Orientierung nach verschiedenen im Wasser gelösten Molekülen heißt **Chemotaxis**.

Bei festsitzenden Pflanzen kommen nur Bewegungen einzelner Organe vor. Wird eine Bewegung durch einen Umweltreiz ausgelöst und ist nach ihm ausgerichtet, handelt es sich immer um eine relativ langsame Wachstumsbewegung, einen **Tropismus**. Nach der Reizrichtung unterscheidet man auch hier zwischen positiven und negativen Tropismen.

Tropismus	Wachstumsbewegung	Beispiele
Fototropismus	abhängig von der Richtung einer Lichtquelle	Spross, Blüte (positiv) Wurzelspitze (negativ)
Gravitropismus	abhängig von der Schwerkraft	Wurzelspitze (positiv) Spross (negativ)
Chemotropismus	abhängig vom Konzentrationsgradienten eines Stoffes	Wurzelwachstum auf Nährstoffe zu
Mechanotropismus	abhängig von Berührungen	windende Kletterpflanzen

Wird eine immer gleich ablaufende Bewegung zwar durch einen Reiz ausgelöst, ist aber nicht auf diesen ausgerichtet, handelt es sich um eine **Nastie**. Diese Reaktion beruht auf relativ raschen Änderungen der Gewebsspannung (Turgor) und ihre Richtung wird vom Aufbau der entsprechenden Organe vorgegeben.

Nastietyp	auslösender Reiz	Beispiele
Fotonastie	Belichtung im Tagesverlauf	Schließen und Öffnen von Blüten
Seismonastie	Erschütterungen, Berührungsreize	Blattabsenken bei Regen (Sauerklee), Blattbewegung (Mimose)
Chemonastie	chemische Zusammensetzung der Umgebung	Fangbewegungen der Venusfliegenfalle

Ökologie

7 Ökosysteme und Umweltfaktoren

Der Begriff **Ökologie** (gr. *oikos*, Haus; *logos*, Lehre) wurde 1866 von Ernst HAECKEL geprägt. Diese Teildisziplin der Biologie befasst sich mit den Wechselwirkungen und Wechselbeziehungen der Organismen zu ihrer **abiotischen** (unbelebten) und **biotischen** (belebten) Umwelt.
Die Grundlage eines **Ökosystems** ist das **Biotop,** ein relativ abgeschlossener Lebensraum mit konkreten klimatischen, geografischen und geologischen abiotischen Umweltfaktoren. Die charakteristischen Lebensgemeinschaften verschiedenster Arten bilden die biotische Umwelt, die **Biozönose.**
Zwischen den beiden Teilen eines Ökosystems gibt es dauernde Wechselwirkungen. Veränderungen der Biotopfaktoren beeinflussen die Artenzusammensetzung der Lebensgemeinschaft. Andererseits wirkt auch die Lebenstätigkeit der Organismen auf die verschiedenen Biotopfaktoren ein, z. B. durch die Ausbildung eines Mikroklimas oder die Veränderung des Bodens. Ebenso sind Ökosysteme offene Systeme, d. h., sie stehen in ständigem Stoff- und Energieaustausch mit ihrer Umgebung.

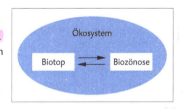

Je nachdem, auf welcher Ebene der Ökosysteme die ökologischen Betrachtungen stattfinden, kann man die Ökologie in die drei Teildisziplinen **Autökologie** (Wechselbeziehungen einzelner Arten mit ihrer biotischen Umwelt), **Populationsökologie** (Wechselbeziehungen innerhalb der Gesamtheit aller Individuen einer Art in einem Ökosystem sowie in Bezug auf ihre Umwelt) und **Synökologie** (Wechselbeziehungen der Lebensgemeinschaften untereinander und mit ihrer Umwelt) gliedern.

7.1 Biotope und abiotische Faktoren

Ein Biotop (gr. *bios*, Leben; lat. *topos*, Ort) ist durch zahlreiche abiotische Faktoren gekennzeichnet, die meist miteinander in Wechselwirkung stehen. Die wichtigsten **Klimafaktoren** sind Licht, Temperatur, Wasserversorgung und Wind. Bei den **Bodenfaktoren** sind von der Bodenart abhängige Bedingungen wie pH-Wert, Mineralsalzgehalt, Sauerstoffversorgung und Bodenwasser wichtige Größen.

Licht

Intensität, Qualität und Dauer (Periodizität) der Sonneneinstrahlung haben einen direkten Einfluss auf Pflanzen und Tiere. Indirekt wird durch die Wärmestrahlung auch der Temperaturfaktor beeinflusst.

Tiere orientieren sich mithilfe verschiedener Lichtsinnesorgane in ihrer Umwelt. Durch entsprechende neuro-hormonelle Regelungen („innere Uhr") ist Licht der Taktgeber für tages- und jahreszeitliche **Rhythmen** (Fotoperiodik) wie Schlaf- und Wachphasen, Fortpflanzungszyklen oder Wanderungsbewegungen.

Für **Pflanzen** ist die elementare Funktion des Lichts diejenige als Energiequelle für die Fotosynthese. Zur optimalen Ausnutzung unterschiedlicher Sonneneinstrahlung an verschiedenen Standorten haben sich z. B. unterschiedliche Wuchsformen von Blättern ausgebildet. **Lichtblätter** (Sonnenblätter) weisen geringere Flächen, mehrschichtige Palisadengewebe, mehr Chloroplasten und kleinere Interzellularräume auf als **Schattenblätter**.

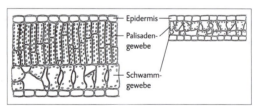

Sonnenblatt (links) und Schattenblatt (rechts)

Die Anpassung von **Schattenpflanzen** besteht unter anderem darin, dass bereits bei niedrigen Lichtintensitäten der sog. **Lichtkompensationspunkt** erreicht wird. Ab diesem Punkt beginnt die Bruttoproduktion von Biomasse, d. h., mehr Biomasse wird durch Fotosynthese auf- a

durch Atmung abgebaut.
Allerdings können Schattenpflanzen hohe Lichtintensitäten nicht nutzen, die Fotosyntheseleistung kann mit zunehmender Sonneneinstrahlung nicht weiter gesteigert werden oder nimmt sogar ab. **Sonnenpflanzen** erreichen dagegen den Lichtkompensationspunkt, aber auch die **Lichtsättigung** erst bei höheren Lichtintensitäten.

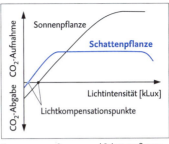

Anpassung von Sonnen- und Schattenpflanzen

Die Entwicklung vieler Pflanzen ist von der täglichen Belichtungsdauer abhängig. Viele unserer einheimischen Arten (z. B. Getreidearten und Erbsen) sind **Langtagpflanzen**, die in ihrer Hauptvegetationsperiode (Sommer) eine tägliche Belichtungsdauer von mehr als 12 Stunden erhalten und diese auch für Wachstum, Blütenbildung und Fruchtentwicklung benötigen. An die kurzen Tage in den Tropen angepasste Pflanzen wie Reis, Hirse, Hanf und Soja sind **Kurztagpflanzen** und benötigen für ihre normale Entwicklung eine artspezifische Dunkelperiode von mehr als 12 Stunden in ihrem Tagesrhythmus. **Tagneutrale Pflanzen** wie z. B. das Gänseblümchen sind von dieser Art der Fotoperiodik nicht abhängig und entwickeln sich bei günstigen Bedingungen immer.

Temperatur

Der größte Teil des von der Erdoberfläche absorbierten Sonnenlichts wird in **Wärmestrahlung** umgewandelt. Damit lässt sich ein natürlicher Zusammenhang zwischen Lichtintensität und Wärme herstellen. Außer in der Äquatorialzone mit ihrer relativ gleichmäßigen, hohen Temperatur gibt es auf der Erde kaum Gebiete, in denen die Temperaturen nicht tagesrhythmisch oder saisonal schwanken, sodass Anpassungen notwendig werden.

Stoffwechselgesteuerte Wärmeregulation gibt es nur bei **gleichwarmen Tieren** (Vögel und Säugetiere). Ihre Körpertemperatur wird durch ein Regulationszentrum im Gehirn konstant gehalten. Wechselwarme Tiere können ihre Körpertemperatur nur sehr bedingt durch verändertes Verhalten anpassen (Aufwärmen in der Sonne, Abkühlen durch Abspreizen von Extremitäten, Fächeln usw.).

Bei zu hohen Temperaturen müssen Tiere vor allem **Wasserverluste** vermeiden (siehe S. 99). Bei niedrigen Außentemperaturen ist das Verhältnis von Energieverlust durch Wärmeabstrahlung zur Energieaufnahme durch die **Nahrung** entscheidend. Um **Wärmeverluste** zu minimieren, besitzen viele Tiere isolierende Fettschichten (z. B. Robben) und/oder bilden ein besonderes Winterfell aus. Kälteangepasste Tiere sind im Vergleich zu verwandten Arten, die in wärmeren Regionen beheimatet sind, meist größer, da größere Organismen im Vergleich zum Volumen eine kleinere Oberfläche besitzen und die Wärmeabstrahlung so relativ geringer ist **(Bergmann-Regel)**. Durch eine kompakte, rundliche Körperform mit relativ kleinen Körperanhängen ist die Wärmeabstrahlung ebenfalls verringert **(Allen-Regel)**. Droht ein durch Wärme oder Kälte bedingtes geringeres Nahrungsangebot, werden **Energiereserven** angelegt und/oder es kommt zu Wanderungsbewegungen. Gleichwarme Tiere können Kälteperioden auch durch **Winterruhe** oder **Winterschlaf** überdauern. Es kommt dabei zu einer hormongesteuerten Absenkung des Stoffwechsels. Die Körpertemperatur, die Atem- und die Herzfrequenz und damit der Energieverbrauch werden oft drastisch gesenkt. Wirbellose verfallen in **Kältestarre**, bei der dem Einfrieren der Körperflüssigkeiten durch eine hohe Elektrolytkonzentration des Zytoplasmas entgegengewirkt wird.

Beispiel für die Bergmann-Regel

Die Temperatur beeinflusst die Fotosyntheseleistung der **Pflanzen** über die allgemeine Temperaturabhängigkeit von Enzymreaktionen (RGT-Regel, siehe S. 32 f.). Außerdem beeinflussen hohe Temperaturen den Wasserhaushalt der Pflanzen und damit indirekt die Fotosynthese (siehe S. 36 ff.). Vor **Kälte** während der Vegetationsperiode sind Pflanzen durch hohe Glucosekonzentrationen des Plasmas (Frostschutzmittel), isolierende tote Gewebeteile (Haare an der Oberfläche) und niedrigen Wuchs geschützt. Frost- oder extreme Trockenperioden überstehen einzelne gut geschützte Pflanzenteile (verholzter Spross, Wurzel), aus denen sich bei Besserung der Bedingungen die gesamte Pflanze regeneriert.

Wasser

Wasser besitzt elementare Funktionen in der Strukturbildung und im Stoffwechsel aller Organismen. Die Temperatur beeinflusst auch stark das Verhältnis von Niederschlag und Verdunstung und damit die für die Lebewesen verfügbare Wassermenge. Die Anpassungen an ein geringes Wasserangebot und an extreme Temperaturen sind daher oft gekoppelt.

Viele **Tiere** sind an Trockenperioden oder Gebiete angepasst, in denen keine freien Wasserflächen vorhanden sind. Zur Vermeidung von Wasserverlusten sind sie häufig nachtaktiv, leben unterirdisch und geben trockene Exkremente sowie Harnsäure statt Urin ab. Wasser wird teilweise nur über die Nahrung oder über Tau aufgenommen. Trockenheit kann auch saisonale Wanderbewegungen (z. B. den Zug europäischer Vögel von Afrika zurück in ihre Brutgebiete) oder die Deaktivierung des Stoffwechsels ähnlich dem Winterschlaf (Lethargie) auslösen.

Als Formen der Anpassung an verschiedene Temperaturen und Wasserversorgungen gibt es bei **Pflanzen** unterschiedliche **Ökotypen**:
- **Hydrophyten** sind freischwimmende oder festsitzende (Unter-)Wasserpflanzen, bei denen Gasaustausch und Stoffaufnahme über die gesamte Oberfläche erfolgen. Cuticula und Epidermis sind nur schwach entwickelt, Leitgewebe und Wurzeln sind kaum ausgebildet.
- Hohe Luftfeuchte erschwert den an feuchte Standorte angepassten **Hygrophyten** die Transpiration. Durch große Blätter, lebende Haare und Ausstülpungen ist daher die Oberfläche stark vergrößert und die Spaltöffnungen sind herausgehoben. Auch hier sind Epidermis und Cuticula nur schwach entwickelt. Zusätzlich kommt Guttation (tröpfchenförmige Wasserabgabe) vor.
- Die **Mesophyten** unserer Breiten stehen zwischen Hygrophyten und Xerophyten. Sie haben große, im Querschnitt symmetrische Blätter mit geringer Behaarung und mitteldicker Cuticula.
- **Xerophyten** sind an den starken Wassermangel in Wechsel-Trockenklimaten oder Frostzonen des Hochgebirges angepasst. Die vielen

kleinen, harten Blätter sind oft rundlich oder eingerollt und haben eine starke Epidermis sowie eine dicke Cuticula mit Wachs-, Harz- oder sogar Kalküberzug. Die Spaltöffnungen sind oft versenkt und ein dichter Filz toter, weißer Haare sorgt für Wärme- und Verdunstungsschutz. Über die Wurzeln kann dem Boden osmotisch Wasser entzogen werden. Auch die Fotosynthese ist den besonderen Bedingungen angepasst (CAM-Pflanzen, siehe S. 45). **Sukkulenten** haben zusätzlich Spross, Blätter oder Wurzeln zu Wasserspeichergeweben ausgebildet.

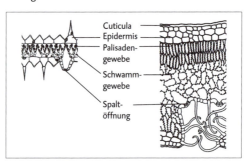

Blatt eines Hygrophyten (links) und eines Xerophyten (rechts)

Boden

Der Boden ist die oberste Verwitterungsschicht der Gesteinshülle der Erde, die durch Klimafaktoren und Bodenorganismen geformt wird.
Die **Bodenarten** Sand, Schluff und Ton werden nach der Korngröße der mineralischen Bodensubstanz unterschieden. Lehm ist eine Mischung aus Sand, Schluff und Ton. Die Korngröße bestimmt einige wichtige Umweltbedingungen für Bodenorganismen und Pflanzen.

Kies	Sand	Schluff	Ton
2–63 mm	0,063–2 mm	0,002–0,063 mm	< 0,002 mm

Wasserdurchlässigkeit
Durchlüftung
Durchwurzelbarkeit

Porenvolumen
Wasserhaltevermögen
Nährstoffgehalt

Bodenarten und ihre Eigenschaften

Die meisten Landpflanzen nehmen die zum Aufbau der körpereigenen Stoffe notwendigen Ionen (z. B. NO_3^-, SO_4^{2-}, PO_4^{3-}, Mg^{2+}, K^+, Na^+) aus dem Bodenwasser auf. Der **Mineralsalzgehalt** des Bodens ist entscheidend für eine optimale Entwicklung. Die Verfügbarkeit der Mineralsalze wird u. a. durch den pH-Wert des Bodens bestimmt. In extrem sauren oder basischen Böden können bestimmte unlösliche Verbindungen entstehen, die die Aufnahme von Nährstoffen durch die Wurzeln erschweren. Der pH-Wert, also der Säuregehalt des Bodens, ist wiederum vom Ausgangsgestein, von äußeren Einflüssen (z. B. saurem Regen) und durch Staunässe hervorgerufenen Fäulnisprozessen abhängig. Die meisten Organismen besitzen ihr physiologisches Optimum im Bereich **neutraler** Böden (pH 7 ± 0,5). Dies sind meist Lehmböden mit einer guten Humusanreicherung. **Humus** besteht aus sich zersetzenden organischen Abfallstoffen; er hat einen positiven Einfluss auf die Wasserspeicherfähigkeit und die Mineralstoffbindung und wirkt als natürlicher Puffer zur pH-Wert-Stabilisierung.

Bestimmte Pflanzenarten besitzen ihr physiologisches und ökologisches Optimum auf Böden, die extreme Abweichungen vom Durchschnitt aufweisen. Das Vorhandensein solcher **Indikatorpflanzen** (Zeigerpflanzen) zeigt diese Besonderheit der Böden an. Salzböden mit mehr als 0,5 % Salzgehalt werden z. B. nur von spezialisierten Pflanzen, den **Halophyten**, besiedelt, die der stark hypertonischen Außenlösung angepasst sind: Sie bauen einen mindestens isotonischen Zustand im Zytoplasma der Wurzeln auf, scheiden zusätzlich aufgenommenes Salz über spezielle Organe aus und speichern „Süßwasser" ähnlich wie die Sukkulenten zur internen Wasserversorgung. Viele Halophyten sind deshalb auch xerophytisch.

Zeigerpflanzengruppe	Eigenschaft des Bodens	Pflanzenarten (Beispiele)
halophile Pflanzen (Halophyten)	Salzgehalt > 0,5 %	Queller, Salzmelde
basidophile Pflanzen (Basiphyten)	pH > 7,5	Frühlings-Adonisröschen, Huflattich
azidophile Pflanzen (Azidophyten)	pH < 5,5	Schachtelhalme, Heidekraut, Binsen, Riedgräser
nitrophile Pflanzen	hoher Stickstoffgehalt	Brennnessel, Gefleckte Taubnessel

Physiologische Toleranzbereiche und ökologische Potenz

Für alle lebenden Organismen gibt es in Bezug auf jeden der bisher beschriebenen abiotischen Umweltfaktoren einen sogenannten **Toleranzbereich**, in dem der Organismus existenzfähig ist. Zwischen den Toleranzgrenzen **(Maximum** und **Minimum)** befindet sich der Bereich, in dem sich der Organismus am besten entwickelt, das **Optimum**. Der Bereich, in dem die Vitalität (Lebenskraft) des Organismus eingeschränkt ist, sodass er zwar noch überlebens-, aber nicht mehr fortpflanzungsfähig ist, wird als **Pessimum** bezeichnet.

Die Lage und die Breite des Toleranzbereiches ist für eine Art genetisch und physiologisch festgelegt und wird als **physiologische Potenz** bezeichnet. Diese kann individuell variieren (siehe (2) S. 5). Lebewesen mit einem engen Toleranzbereich bezüglich eines oder mehrerer Faktoren werden als **stenopotent** (stenök) bezeichnet. Organismen mit einem breiten Toleranzbereich nennt man **eurypotent** (euryök).

Die in realen Ökosystemen herrschende komplexe Wechselwirkung verschiedener Umweltfaktoren modifiziert die physiologische Potenz zur **ökologischen Potenz**. Im Extremfall können durch den Einfluss anderer Faktoren, z. B. durch interspezifische Konkurrenz um Licht bei Pflanzen, die Optima bezüglich des beobachteten Faktors verringert oder sogar in die physiologischen Pessima verschoben werden.

Da immer ein Komplex von ökologischen Faktoren vorhanden ist, wirkt sich derjenige Faktor am stärksten begrenzend aus, der in seiner aktuellen Größe am weitesten vom Optimum entfernt ist **(Gesetz vom Minimum** nach LIEBIG). Organismen, die sich in ihrem Ökosystem frei bewegen können, suchen stets den Bereich auf, der ihren Umweltansprüchen am besten entspricht **(Präferenzbereich)**.

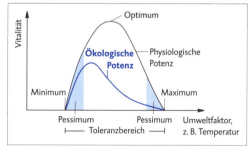

Physiologische und ökologische Potenz

7.2 Biozönosen und biotische Faktoren

Innerhalb einer Biozönose (gr. *bios*, Leben; *koinos*, gemeinsam) gibt es **intraspezifische** Wechselbeziehungen (zwischen Individuen oder Populationen der gleichen Art) und **interspezifische Wechselbeziehungen** (zwischen Individuen oder Populationen unterschiedlicher Arten). Die Individuen einer Art stehen miteinander in direkter Konkurrenz um abiotische und biotische Ressourcen. Die Spannweite der Beziehungen von Organismen unterschiedlicher Arten ist sehr groß und reicht von Symbiosen mit gegenseitigem Vorteil bis zu Antibiosen (physische Beeinträchtigung/Vernichtung).

Konkurrenz

Organismen einer Art konkurrieren in einem Ökosystem um begrenzte Ressourcen und um Geschlechtspartner (Weitergabe der eigenen Gene). Dem Ziel, die Konkurrenz unter den Individuen einer Art zu verringern, sind die meisten Verhaltensweisen untergeordnet. Die Bildung fester **Sozialstrukturen** mit Festlegung der Fortpflanzungsreihenfolge (Wolfsrudel), die **Wanderungen** und/oder Teilungen von Populationen (Lemminge, Bienenvölker) oder die **Revierbildung** (Raubtiere, Affen) sind solche Strategien zur Konkurrenzverringerung.

Innerartliche Konkurrenz ist aber auch häufig eine Triebfeder bei der Herausbildung neuer Arten.

Interspezifische Konkurrenz um begrenzte Ressourcen liegt vor, wenn zwei oder mehrere Arten ähnliche Ansprüche an ihre Umwelt stellen. Zur Konkurrenzvermeidung nimmt im Allgemeinen jede Art eines Ökosystems in dessen komplexem Beziehungsgefüge eine bestimmte Position ein, die allgemein als **ökologische Nische** bezeichnet wird. Die **Einnischung** einer Art resultiert aus evolutionsbiologischen Anpassungsprozessen an spezifische abiotische und biotische Umweltbedingungen und äußert sich in verschiedenen Nahrungs- oder Temperaturansprüchen, Fortpflanzungsstrategien etc. Zwei Arten mit genau gleichen Ansprüchen können auf Dauer nicht in einem Ökosystem nebeneinander existieren **(Konkurrenzausschlussprinzip)**. Das bedeutet mit anderen Worten, dass jede ökologische Nische in einem Ökosystem nur einmal besetzt werden kann.

Ökologische Nischen besitzen aber auch immer einen dynamischen Charakter, da sich sowohl die Umweltbedingungen als auch die Artenzusammensetzung eines Ökosystems ständig ändern.

Symbiose und Kommensalismus

Das Zusammenleben meist zweier Arten (Symbionten) zum gegenseitigen Vorteil nennt man Symbiose. Dabei kommen unterschiedliche Formen der gegenseitigen Abhängigkeit vor. Die **Allianz** ist die lockerste Form einer Symbiose. Sie ist oft temporärer Natur, wie z. B. bei der Beziehung zwischen Meeresschildkröten und Putzerfischen. Der **Mutualismus** bringt Organismen in eine ständige engere Beziehung, die aber zeitweise wieder gelöst werden kann (Einsiedlerkrebs und Seeanemone). Unter **Eusymbiose** versteht man ein Zusammenleben mit physischer Abhängigkeit, bei dem eine Art ohne die andere nicht existieren könnte. So werden einige tropische Orchideenarten nur von ganz bestimmten Schmetterlingsarten bestäubt und Blattschneiderameisen kultivieren einen nur in ihrem Bau existenzfähigen Pilz.

Beim **Kommensalismus** benutzt eine Art die Nahrung, den Lebensraum oder sogar den Körper einer anderen, ohne diese dabei zu stören oder zu schädigen. Ein Beispiel für Kommensalismus ist z. B. das Verhältnis von Aasfressern und Raubtieren (die Aasfresser leben von den Überresten der Mahlzeiten der Raubtiere).

Parasitismus

Ein **Parasit** lebt auf Kosten eines Wirtsorganismus, der durch Entzug von Nährstoffen, Zerstörung von Organen und Geweben oder durch Parasitosen (Krankheiten) geschädigt wird. **Parasitoide** wie einige Schlupfwespenarten dagegen töten ihre Wirte, wenn sie ihren jeweiligen Lebenszyklus vollendet haben.

Parasiten gibt es bei Bakterien, Pilzen, Pflanzen und Tieren. Man unterscheidet

- **fakultative** Parasiten, die nicht zwingend auf ihren Wirt angewiesen sind (z. B. Stechmücken, Zecken, Blutegel), und **obligate** Parasiten, die ihren Wirtsorganismus für ihre Vermehrung und Entwicklung brauchen (z. B. Bandwürmer, Trichinen);
- **Endoparasiten**, die im Inneren des Wirtes leben (z. B. Bandwürmer, Leberegel), und **Ektoparasiten**, die auf der Körperoberfläche des Wirts vorkommen (z. B. Läuse, blutsaugende Insekten, Blutegel);
- bei Pflanzen **Holoparasiten** (Vollparasiten) ohne eigene Fotosynthese, die alle benötigten Nährstoffe ihren Wirtspflanzen entziehen (z. B. Sommerwurz, Schuppenwurz) und **Hemiparasiten** (Halbparasiten) mit eigener Fotosynthese, die nur Wasser und Nährsalze von ihrem Wirt beziehen (Mistel, Augentrost).

Episitismus

Bei dieser räuberischen Lebensweise tötet der Räuber (Fressfeind, Beutegreifer, Plünderer, Prädator) seinen Beuteorganismus. Dabei entsteht meist ein charakteristisches **Räuber-Beute-Verhältnis** (siehe S. 108). Sowohl Räuber als auch Beute weisen eine Reihe von zum Teil ähnlichen Anpassungen zur Jagd bzw. zur Abwehr auf.

Anpassungen der Räuber	Anpassungen der Beute
Tarntrachten (Fellfarbe von Raubtieren)	Tarntrachten (Fell von Kleinsäugern); Schrecktrachten (Augenfalter); Warntrachten (Wespen); Mimikry (Nachahmung wehrhafter oder ungenießbarer Tiere, Schwebfliegen); Mimese (Nachahmung von Naturgegenständen, Stabheuschrecken)
Jagdstrategien, verbunden mit speziellen Verhaltensmustern (Lauern, Anschleichen, Hetzjagd, Gruppenjagd)	Schutzstrategien, verbunden mit speziellen Verhaltensmustern (Verharren, Nachtaktivität)
spezielle Sinnesorgane (hoch entwickelter Geruchsinn, Raubvogelauge)	spezielle Sinnesorgane (besondere Wahrnehmung von Erschütterungen und Geruch)
Gifte (Spinnen, Schlangen)	Gifte und Bitterstoffe (Kröten, Kartoffelkäfer)

7.3 Populationsdynamik

Eine **Population** besteht aus allen Individuen einer Art in einem relativ homogenen Habitat (ökologisch bedingter Lebensort, der saisonal und entwicklungsbedingt wechseln kann). Sie wird charakterisiert durch ihre **Populationsdichte** (Abundanz, z. B. Individuenzahlen pro Fläche), **Wachstumsrate** und **Altersstruktur**. Das Geschlechterverhältnis in einer Population stellt einen erheblichen wachstumsregulierenden Faktor dar, da es oft über die Anzahl und Qualität der Nachkommen (♀) oder die Revierbildung (♂) entscheidet. Für den Fortbestand einer Population sind auch die **Variabilität**, d. h. individuelle Abweichungen auf der Grundlage genetischer Unterschiede, oder genetisch begrenzte Umweltanpassungen (Modifikationen) entscheidend (siehe (2) S. 5).

Populationswachstum

Das Wachstum einer Population wird bestimmt durch ihre **Wachstumsrate** (r), also durch die Differenz aus Geburtenrate (Natalität) und Sterberate (Mortalität). Sind die Ressourcen in einem Lebensraum nicht begrenzend, kann es zu einem **exponentiellen Wachstum** kommen. Die Nachkommen einer Generation produzieren immer wieder im gleichen Umfang Nachkommen, ohne dass die Mortalität in dieser Phase zunimmt. Die Populationsentwicklung berechnet sich bei konstanter Wachstumsrate wie folgt:

$N = N_0 \cdot e^{rt}$
- N_0 Ausgangspopulationsgröße
- N Populationsgröße nach t
- e Basis des natürlichen Logarithmus (2,718)
- r Wachstumsrate
- t verstrichene Zeit

Meist ist die natürliche Populationsentwicklung aber durch verschiedene Umweltfaktoren begrenzt und folgt nach der Anlaufphase und einer kurzen exponentiellen Wachstumsphase einer **logistischen Wachstumsform** mit einem sigmoid verlaufenden Graphen, der sich dem durch die **Umweltkapazität** (K) bestimmten Grenzwert annähert. Die Kapazität eines Lebensraumes ist das maximale Fassungsvermögen für eine Zahl an Individuen und wird durch die Verfügbarkeit limitierter Ressourcen wie Raum oder Nahrungsangebot bestimmt. Nach dem Erreichen der maximalen Individuenzahl für eine bestimmte Umwelt stellt sich meist ein dynamisches Gleichgewicht zwischen Natalität und Mortalität ein.

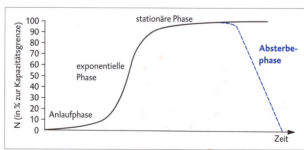

Phasen der Populationsentwicklung

Fortpflanzungsstrategien

Im Verlauf der Evolution haben sich zwei genetisch determinierte Strategien zur Besiedlung von Habitaten herausgebildet: **r-Strategen** sind durch hohe Wachstumsraten (r) gekennzeichnete Erstbesiedler von neu entstandenen Lebensräumen oder von Habitaten mit stark schwankenden Bedingungen. Ihre Populationsdichten ändern sich stark, da sie die natürlichen Ressourcen recht schnell verbrauchen, sodass die Population durch Absterben oder Auswandern wieder drastisch verringert wird. **K-Strategen** sind dagegen oft Dauerbesiedler von Ökosystemen im Gleichgewicht. Sie erreichen die Kapazitätsgrenze (Umweltkapazität K) langsam und sind optimal an die herrschenden Faktoren angepasst.

Typ	Merkmale	Beispiele
r	<ul><li>Hohe Wachstumsrate</li><li>Viele, aber „schlecht ausgestattete" Nachkommen</li><li>Kurze Lebensdauer</li><li>Oft spezialisiert (Klima, Nahrung)</li><li>Starke Verbreitung (Windverbreitung, Wanderung)</li></ul>	<ul><li>Birke</li><li>Pappel</li><li>Wühlmaus</li><li>Blattlaus</li></ul>
K	<ul><li>Angepasste Wachstumsrate</li><li>Weniger, aber gut ausgerüstete Nachkommen; Brutpflege</li><li>Hohe Lebenserwartung</li><li>Effizienz bei Nahrungsverwertung</li><li>Geringe Verbreitungstendenz</li></ul>	<ul><li>Eiche</li><li>Kastanie</li><li>Elefant</li><li>Primaten</li></ul>

Populationsdichte

Die Populationsgrößen unterliegen ständigen Schwankungen, die nur teilweise durch Fortpflanzungsrhythmen (z. B. Metamorphose bei Insekten) bedingt sind. Die Ursachen können von der Dichte der Population abhängen und in einem Rückkopplungsprozess auf die Populationsdichte wirken **(dichteabhängige Faktoren)**. Wachsende Populationsdichten z. B. dezimieren die für die Gesamtpopulation verfügbare Nahrungsmenge. Weniger Nahrung bedeutet eine Verringerung der Wachstumsrate, wodurch die Populationsdichte wieder abnimmt (usw.). **Dichteunabhängige Faktoren,** wie z. B. ungünstige Witterungsverhältnisse, können ebenfalls zu einer Veränderung der Populationsdichte führen. Hier besteht kein Rückkopplungseffekt zwischen Populationsgröße und wirkendem Umweltfaktor (die Veränderung der Populationsgröße hat z. B. keinen Einfluss auf das Klima).

Dichteabhängige Faktoren	Dichteunabhängige Faktoren
• Verfügbarkeit von Nahrung • artspezifische Infektionskrankheiten • Größe des Lebensraums • Stress und Gedrängefaktoren • artspezifische Räuber und Parasiten • dichtebedingte Migrationen	• Klima- und Bodenfaktoren • Qualität der Nahrung bei ausreichender Quantität • individuelle, nichtinfektiöse Krankheiten • atypische Räuber und Parasiten

Räuber-Beute-Verhältnis

Die Wachstumsraten artspezifischer Räuber und Parasiten sind stark von den Populationsdichten ihrer Beute oder Wirte abhängig. Umgekehrt tragen veränderte Räuber- und Parasitendichten zu **Schwankungen** der Beute- oder Wirtspopulationen bei. In einem idealisierten Räuber-Beute-Verhältnis, bei dem alle anderen Umweltfaktoren konstant bleiben und Räuber und Beute direkt voneinander abhängig sind (wenn also keine komplexen Nahrungsnetze vorliegen),

- schwanken die Individuenzahlen von Räuber und Beute periodisch. Dabei folgen die Maxima der Räuberpopulation phasenverzögert denen der Beutepopulation **(1. Volterra-Regel)**.
- ist die durchschnittliche Größe (Mittelwert) beider Populationen über größere Zeiträume relativ konstant, wobei die der Beute- über der der Räuberpopulation liegt **(2. Volterra-Regel)**.
- erholt sich die Beutepopulation schneller als die Räuberpopulation, wenn Räuber und Beute gleichermaßen und zeitlich begrenzt in ihrer Entwicklung gestört werden **(3. Volterra-Regel)**.

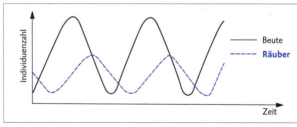

Idealisiertes Diagramm zum Räuber-Beute-Verhältnis

Ökosysteme und Umweltfaktoren / 109

7.4 Ökosysteme

Die Einheit aus Biotop und der zugehörigen Biozönose ist das Ökosystem. Geht man von der **Biosphäre** (Gesamtheit des Lebens auf der Erde, Lebenshülle) aus, gibt es die drei Hauptlebensräume Festland, Binnengewässer und Ozeane, die sich wiederum in verschiedene kleinere **terrestrische, limnische oder marine Ökosysteme** unterteilen lassen. Die Strukturen der einzelnen Ökosysteme orientieren sich im Raum und verändern sich dynamisch in unterschiedlichen Zeitdimensionen.

Raum-Zeit-Struktur eines Sees in Mitteleuropa
Seen sind strukturierte Binnengewässer. Durch die Wirkung von Licht und Temperatur ergeben sich verschiedene Zonen mit charakteristischen Merkmalen. Aus der Besetzung dieser ökologischen Nischen (siehe Seite 103) entsteht immer eine ähnliche Raumstruktur des Sees, seine horizontale und vertikale **Zonierung**.

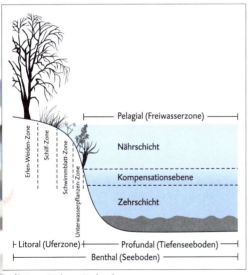

Profil eines mitteleuropäischen Sees

Sauerstoff und Biomasse produzierende Pflanzen und Plankton findet man nur in der oberen, lichtdurchfluteten Schicht der Uferzone **(Litoral)** und des Freiwassers **(Pelagial)**, der sogenannten **Nährschicht**. Unterhalb einer **Kompensationsebene**, der lichtbedingten Grenze für fotoautotrophe Assimilation, leben die meisten Organismen heterotroph von der Biomasseproduktion der Nährschicht **(Zehrschicht)**.

Neben der lichtbedingten Schichtenbildung in einem See verändert sich seine vertikale Zonierung zusätzlich im Laufe der Jahreszeiten in Abhängigkeit von der Temperatur und den Windverhältnissen. Im **Sommer** wird das **Epilimnion** (Oberflächenwasser) stark erwärmt. Da warmes Wasser eine geringere Dichte hat als kaltes Wasser und so gewissermaßen immer oben schwimmt, findet kaum Wärmeaustausch mit dem **Hypolimnion** (Tiefenwasser) statt.

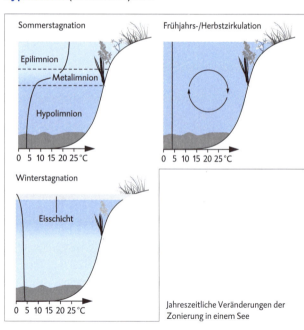

Jahreszeitliche Veränderungen der Zonierung in einem See

Zwischen Oberflächen- und Tiefenwasser liegt meist in einer Tiefe von einigen Metern die Sprungschicht **(Metalimnion)**, in der eine rasche Abkühlung des Wassers festzustellen ist. Die temperaturabhängige stabile Schichtung von Wasser unterschiedlicher Dichte verhindert das Aufsteigen von Nährsalzen vom Seeboden und die Versorgung tieferer Wasserschichten mit Sauerstoff. Dieser Zustand wird als **Sommerstagnation** bezeichnet. Wenn die im Sommer anfallenden größeren Massen an totem organischem Material in der Zehrschicht abgebaut werden, kann dort der Sauerstoffmangel dramatische Formen annehmen (siehe S. 123).

Im **Herbst und Frühling** werden die Temperaturen durch Abkühlung bzw. Erwärmung ausgeglichen, wenn das gesamte Wasser etwa 4 °C erreicht. Wind kann die jetzt einsetzende **Zirkulation** beschleunigen. Die Sauerstoff- und Nährstoffversorgung wird überall verbessert.

Der **Winter** sorgt durch Wassertemperaturen von weniger als 4 °C an der Oberfläche und gleichmäßig in die Tiefe ansteigende Temperaturen wieder für eine dichtebedingte Schichtung der Wassermassen und führt zur sogenannten **Winterstagnation**. Austauschvorgänge werden zusätzlich durch Eis auf der Oberfläche verhindert.

Nahrungsbeziehungen

Wie die Organismen der Nähr- und Zehrschicht eines Sees lassen sich alle Lebewesen eines Ökosystems verschiedenen **Trophieebenen** (Ernährungsstufen) zuordnen: Produzenten, Konsumenten, Destruenten. Die von grünen Pflanzen und chemosynthetisch aktiven Bakterien als **Primärproduzenten** gebildete Biomasse ist die Basis für alle anderen Trophieebenen. **Konsumenten** der 1. Ordnung sind Pflanzenfresser und ernähren sich direkt von den Produzenten. Fleischfresser sind Konsumenten 2. Ordnung. Die organischen Abfälle jeder Trophieebene werden durch die **Destruenten** aufgeschlossen (remineralisiert). Die Bodentiere, Pilze und Bakterien, die totes Material stufenweise abbauen, sind entweder **Saprovore** (oder Saprophage), die tote Tiere oder Pflanzen teilweise zersetzen (z. B. Fliegenmaden, Pilze, Regenwurm), oder **Mineralisierer**, die totes Material in seine anorganischen Grundbestandteile CO_2, H_2O und Mineralsalze zerlegen (z. B. nitrifizierende Bakterien). Die anfallenden anorganischen Substanzen können schließlich über die Produzenten wieder in die Stoffkreisläufe des Ökosystems einfließen. Konsumenten und Destruenten können als sog. **Sekundärproduzenten** selbst Nahrungsquelle für andere Konsumenten sein.

In **Nahrungsketten** fließen Stoffe und Energie von einer Trophieebene in die nächsthöhere. Dabei nutzen Organismen aber meist mehr als nur eine Nahrungsquelle bzw. sind selbst Nahrungsquelle für mehrere andere Organismengruppen. Einzelne Nahrungsketten sind daher immer in komplexen **Nahrungsnetzen** miteinander verbunden. Trotz der vielfältigen Vernetzungen lassen sich alle Nahrungsbeziehungen in einem einfachen Schema zusammenfassen.

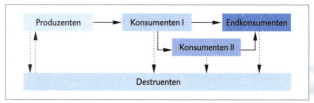

Nahrungsbeziehungen zwischen den Trophieebenen

Beim Durchlauf der Nahrungsketten kommt es immer zu Biomasse- und Energieverlusten. In **Nahrungspyramiden** wird deutlich, dass die Biomasse von einer Trophieebene zur nächsthöheren immer geringer wird. Dadurch sind die in stabilen Ökosystemen auf den einzelnen Ebenen existierenden Individuenzahlen begrenzt.

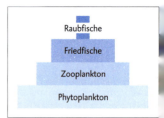

Nahrungspyramide

Energiedurchfluss

Energetisch betrachtet sind Ökosysteme offene Systeme. Es herrscht ein ständiger Austausch von Energie mit der Umgebung. **Primärenergiequelle** für das Leben auf der Erde ist das Sonnenlicht. Von der Gesamtlichtmenge absorbieren die Pflanzen etwa 2 % und davon ist etwa die Hälfte für die Nettoprimärproduktion in der Fotosynthese nutzbar. Da kein biochemischer Prozess mit einem Wirkungsgrad von 100 % abläuft, geht immer ein bestimmter Anteil der Energie als **Wärme** irreversibel für das System verloren und wird wieder in das Weltall abgestrahlt (siehe S. 28).

Von den Produzenten selbst wird ein großer Teil der im Primärprodukt Glucose enthaltenen Energie im eigenen Stoffwechsel in Wärme umgewandelt. Auch beim Wechsel in die nächste Trophieebene gibt es Verluste an verwertbarer Energie, da die organischen Stoffe erst umgewandelt und in neuer Form in den nächsten Organismus eingebaut werden müssen. Auf jeder Trophieebene gibt es zusätzliche Biomasse- und Energieverluste durch Abfall und Tod, die teilweise von den Destruenten verwertet werden können. Der **Energieverlust** beträgt so auf jeder Trophiestufe einer Nahrungskette bis zu 90 %.

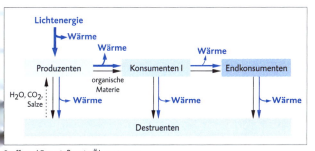

Stoff- und Energiefluss in Ökosystemen

Stoffkreisläufe

Wenn man den Austausch mit benachbarten Systemen vernachlässigt, gibt es in einem Ökosystem für alle Elemente geschlossene Stoffkreisläufe, die im Wesentlichen über die drei Trophieebenen ablaufen. Die Kreisläufe von Kohlenstoff und Stickstoff sind dabei von besonderer Bedeutung.

Kohlenstoff liegt zum Großteil gebunden in organischen Molekülen (Kohlenhydraten, Proteinen usw.) vor. Dissimilationsprozesse auf allen Trophieebenen setzen daraus Kohlenstoffdioxid in die Atmosphäre frei. CO_2 wird während der Foto- und Chemosynthese der Produzenten wieder assimiliert. Ein Teil des CO_2 liegt aber auch im Wasser der Ozeane gelöst vor. Daraus bilden sich auch unter Mitwirkung von Kalk bindenden Organismen schwer lösliche Karbonate, die als Sedimente ausfallen. Die verschiedenen Kohleformen, Erdgas und Erdöl enthalten ebenfalls große Mengen Kohlenstoff aus fossilen Organismen. Durch die Erwärmung von Oberflächengewässern, den Vulkanismus und den

Einsatz fossiler Brennstoffe durch den Menschen wird gebundener Kohlenstoff als CO_2 wieder freigesetzt.

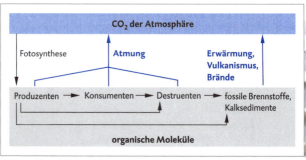

Kohlenstoffkreislauf

Die Zirkulation des **Stickstoffs** in der Biozönose ist ähnlich wie die des Kohlenstoffs an organische Moleküle gebunden. Dabei kommt Aminosäuren, Proteinen und Nukleotiden besondere Bedeutung zu. Stickstoff ist zu fast 80 % als N_2 in der Luft enthalten, kann aber in dieser Form nur von wenigen Organismen genutzt werden.
Die Assimilation von Luftstickstoff, die **Stickstoffbindung**, wird unter Energieverbrauch von verschiedenen Bakterien durchgeführt. Die bedeutendsten Stickstofffixierer sind die Knöllchenbakterien (z. B. *Rhizobium leguminosarum*), die in Symbiose mit Wurzelzellen von Schmetterlingsblütengewächsen (Leguminosen) leben. Die von den Bakterien aus dem Luftstickstoff gebildeten Ammoniumionen werden von der Pflanze aufgenommen, die wiederum den Bakterien Kohlenstoff- und Energiequellen zur Verfügung stellt. Die Kulturpflanzen Klee und Luzerne fixieren im Jahr auf diese Art etwa 250 kg Stickstoff pro Hektar Anbaufläche.
Die meisten Pflanzen nehmen Stickstoff aber in Form von im Bodenwasser gelösten Nitrationen (NO_3^-) oder Ammoniumionen (NH_4^+) mithilfe ihrer Wurzel auf (siehe S. 36). Die **Transaminierung** zur Bildung von organischen Stickstoffverbindungen erfolgt im Zusammenhang mit der Fotosynthese (siehe S. 53 f.). Der organisch gebundene Stickstoff wird anschließend in der Nahrungskette weitergegeben. Aus totem organischen Material wird hauptsächlich beim Zerfall von Eiweißen NH_4^+ wieder freigesetzt. Dieses kann im Wasser oder im Boden bei guter

Sauerstoffversorgung durch nitrifizierende Bakterien stufenweise über Nitritionen (NO_2^-) zu Nitrationen (NO_3^-) oxidiert werden **(Nitrifikation)**:

Substrat	Gleichung	Nitrifizierer
NH_4^+	$NH_4^+ + 1{,}5\,O_2 \longrightarrow NO_2^- + 2\,H^+ + H_2O$	*Nitrosomonas, Nitrosolobus*
NO_2^-	$NO_2^- + 0{,}5\,O_2 \longrightarrow NO_3^-$	*Nitrobacter, Nitrococcus*

Bei Sauerstoffmangel, hohem Nitratgehalt und Temperaturen über 15 °C können einige spezialisierte Bakterienarten vorhandene organische Substrate auch mithilfe der im NO_3^- enthaltenen Sauerstoffatome veratmen (Nitratatmung oder **Denitrifikation**). Dabei wird Nitrat in molekularen Stickstoff (N_2) umgewandelt und so der Nitratgehalt des Bodens stark verringert. Der unterschiedliche Sauerstoffbedarf bei Nitrifikation und Denitrifikation erklärt auch, warum in sauerstoffarmen Mooren oder Sümpfen (Staunässe) trotz relativ großer organischer Substratmengen kaum für Pflanzen verwertbares Nitrat vorhanden ist.

Die abiotische Bildung von Stickstoffoxiden aus den Elementen N und O spielt eine weniger große Rolle. Sie erfordert große Energiemengen, die nur bei hohen Temperaturen vorhanden sind, z. B. in Blitzkanälen, Vulkanen oder Verbrennungsvorgängen wie in 4-Takt-Ottomotoren.

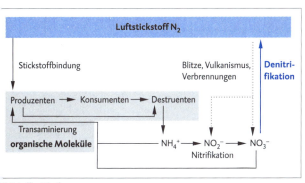

Stickstoffkreislauf

Ökologisches Gleichgewicht und Sukzession

Ökosysteme verändern sich im Laufe der Zeit strukturell. Die Artenvielfalt ist immer von der Anzahl der verfügbaren ökologischen Nischen und damit von der Kapazitätsauslastung der Ressourcen abhängig. Die Kapazitäten variieren aber ständig. Zum einen wirken die Organismen langfristig auf die Bodenstruktur und das Mikroklima ein, zum anderen gibt es lokale oder globale Klimaänderungen oder Naturkatastrophen.

Der Begriff **„ökologisches Gleichgewicht"** kennzeichnet den zeitweilig stabilen Zustand eines Ökosystems, bei dem die Populationsdichten in den einzelnen Trophieebenen in definierten (erdgeschichtlich relativ kurzen) Zeiträumen verhältnismäßig stabil bleiben. Während sich die Individuenzahlen von Produzenten, Konsumenten und Destruenten verändern, bleibt das Verhältnis zwischen ihnen annähernd gleich, sodass ein uneingeschränkter Stoff- und Energiefluss durch die Trophieebenen gewährleistet ist.

Störende Einwirkungen auf das Gleichgewicht (z. B. übermäßiges Wachstum einer Parasitenpopulation) werden in intakten Ökosystemen durch **Selbstregulation** (z. B. Populationswachstum von Parasiten-Räubern) wieder ausgeglichen. Je mehr solcher Rückkopplungsprozesse möglich sind, d. h. je artenreicher die Gemeinschaft ist, desto stabiler kann das ökologische Gleichgewicht aufrechterhalten werden.

Ändern sich die abiotischen und biotischen Bedingungen in einem Ökosystem drastisch, reicht die Fähigkeit zur Selbstregulation nicht aus, um die Zusammensetzung der Pflanzen- oder Tiergesellschaften konstant zu halten. Es kommt zu einer Entwicklungsabfolge, der sog. **Sukzession** (lat. *succedere*, nachrücken).

Bei der primären Sukzession werden neu entstandene Flächen, die bisher noch nicht besiedelt waren (z. B. Kiesbänke in Flussläufen nach Hochwasser oder frische Bergbauhalden) zunächst von sogenannten **Pionierorganismen** mit einer hohen Spezialisierung und Reproduktionsrate besiedelt. Die Pionierarten schaffen durch Bodenveränderungen (z. B. Humusbildung) die Voraussetzungen für die folgenden Stufen der Sukzession, bei denen die Diversität der Arten ständig zunimmt. Diese (sekundären) Sukzessionsstufen erfolgen auch in bereits etablierten Ökosystemen, die durch Veränderungen der Umweltbedingungen stark beeinträchtigt wurden, z. B. bei der Verlandung von Gewässern.

Bei der Alterung von Seen kommt es meist zu einer kontinuierlichen natürlichen Eutrophierung (Anreicherung des Gewässers mit Nährstoffen

Ökosysteme und Umweltfaktoren / 117

durch Eintrag von organischem Material aus der Umgebung (z. B. Laubfall). Das organische Material kann von den Destruenten in den Tiefenschichten nicht mehr abgebaut werden und sedimentiert. Dadurch kann es zu einer Verflachung und Verlandung des Sees kommen. Zunächst bilden sich sog. Verlandungsmoore, die letztendlich je nach Niederschlagsbedingungen in ein Hochmoor oder einen Mischwald übergehen. Das relativ stabile Endstadium einer Sukzession wird als **Klimaxstadium** bezeichnet.

Entwickeln sich im Verlauf von lang andauernden sukzessiven Prozessen neue Arten, so wird auch der evolutionsbiologische Charakter dieser Vorgänge deutlich.

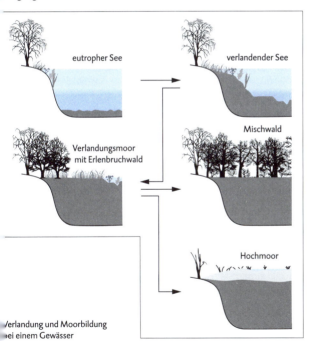

Verlandung und Moorbildung bei einem Gewässer

8 Mensch und Umwelt

Der Mensch verändert seine Habitate, seit er existiert. Das lokale, regionale und globale Ausmaß ökologischer Beeinflussung hängt jedoch von der jeweiligen Bevölkerungsdichte und dem Stand der Technologie ab. Durch den Übergang zur sesshaften Lebensweise in der Nacheiszeit entwickelte sich nicht nur die Erdbevölkerung insgesamt sehr stark, sondern es kam mit der Konzentration der Menschen in günstigen Ackerbauzonen (Sumer, Ägypten, Mittelmeerraum) auch zu den ersten massiven Eingriffen in ökologische Gleichgewichte. Die in der Jungsteinzeit beginnende und sich im Mittelalter stark ausbreitende Umwandlung der mitteleuropäischen Urwälder in Acker- und Weideland ließ unsere heutige **Kulturlandschaft** entstehen. Alle regionalen Ökosysteme sind durch die menschliche Tätigkeit entstanden oder stark überformt worden. In der Periode der **Industrialisierung** treten neuartige, überregionale und globale Wirkungen auf, die sich selbst verstärken und die Lebensbedingungen der Menschen immer mehr beeinträchtigen.

8.1 Anthropogene Wirkungen auf die Umwelt

Viele menschliche Eingriffe führen zu einem übermäßigen Verbrauch und/oder zu einer Verschmutzung der natürlichen Ressourcen Wasser, Luft und Boden mit entsprechenden negativen Auswirkungen auf alle von diesen Ressourcen abhängigen Ökosysteme.

Wasser

Verschmutzungen durch industrielle Gifte (Schwermetalle, Cyanide, organische Halogenderivate usw.), den pH-Wert verändernde Säuren und Laugen, Düngemittel sowie Haushaltsabwässer und Fäkalien wirken in aquatischen Ökosystemen oft direkt auf die Artenzusammensetzung, da die entsprechenden gelösten Stoffe sehr leicht verbreitet, aufgenommen und angereichert werden. Vor allem die Überdüngung von Gewässern durch massiven Nährstoffeintrag (besonders Phosphor und Stickstoff) aus Haushalt, Landwirtschaft oder Industrie führt zu einer starken Beschleunigung der natürlichen **Eutrophierung** von Seen bis hin zum „Umkippen" (siehe S. 123). Die **Erwärmung** von Gewässern z. B. durch Kühlwassereinleitung aus Kraftwerken führt zusätzlich zu einer Vermin-

…erung der Löslichkeit von CO_2 und O_2 im Wasser und damit zur Beschleunigung der Eutrophierungsprozesse.

Gewässerregulierungen wie Begradigungen, Vertiefungen und Anstauungen verändern die ursprünglichen Lebensräume stark. Laichgebiete werden vernichtet und der Wasserhaushalt größerer Gebiete ist stark beeinträchtigt. Die daraus resultierende **Grundwasserabsenkung** führt zur Austrocknung oberflächennaher Bodenschichten (s. u.).

Luft

Emissionen gasförmiger Schadstoffe aus Verbrennungsvorgängen (Schwefeldioxid, Kohlenstoffmonoxid und Stickstoffoxide) wirken direkt oder indirekt giftig auf die meisten Organismen. In atmosphärischem Wasser gelöst, bilden diese Stoffe den **sauren Regen**, der neben der Hemmung des Pflanzenwachstums (Waldsterben) auch die pH-Werte des Bodens und der Gewässer senkt. Diese Luftschadstoffe führen im Sommer bei starker Sonneneinstrahlung zur Bildung von bodennahem Ozon, dem Hauptbestandteil des Smogs. Die ebenfalls bei Verbrennungsprozessen entstehenden Gase Kohlenstoffdioxid und Methan tragen zum sog. **Treibhauseffekt** (siehe S. 121) und damit zu einer überproportionalen Erderwärmung bei.

Stark flüchtige, teilweise **halogenhaltige Gase**, wie die Fluorchlorkohlenwasserstoffe (FCKW) oder verschiedene Schädlingsbekämpfungsmittel, reichern sich in der Atmosphäre (Ozonloch, siehe S. 121 f.) und, da sie schlecht abgebaut werden können, auch in den Nahrungsketten der Biosphäre an. Durch Industrie und Bodenerosion freigesetzter **Staub** absorbiert Licht und schädigt nach dem Absetzen die Pflanzen. Teilweise enthalten Stäube giftige oder radioaktive Substanzen, die auf diese Weise weit verbreitet werden können. Ähnliches trifft auf **Aerosole** (Gas-Flüssigkeits-Gemische) zu, die Gifte aus allen Bereichen menschlicher Tätigkeit aufnehmen und transportieren können.

Boden

Der natürliche Prozess der **Erosion** (Abtragung von Bodenbestandteilen durch Wasser, Wind oder Eis) wird durch Ackerbau und Überweidung verstärkt. Durch die Dezimierung der Oberflächenvegetation verdunstet das Wasser aus den obersten Bodenschichten besonders in sommertrockenen Steppen oder Savannen schneller. Die trockene, zunehmend humusfreie Bodenstruktur erleichtert die Abtragung durch Wind oder fließendes Wasser. Die **Bodenbearbeitung** mit schwerer

Technik schädigt den Boden zusätzlich, vor allem durch Verdichtung. Krümelstruktur und Durchlüftung werden beeinträchtigt und schnell abfließende Niederschläge sowie kaum strukturierte Bodenoberfläche beschleunigen Nährsalzverluste und Erosion.

Die dadurch sowie durch Monokulturen und/oder großflächigen Anbau notwendig gewordene **Düngung** führt zu einem massiven Nährstoffeintrag und damit zur Artenverarmung in benachbarten Ökosystemen. Schwer abbaubare, teilweise noch heute eingesetzte **Insektizide und Herbizide** werden global über Nahrungsbeziehungen in den Endkonsumenten angereichert.

Durch die menschliche **Bebauung** ergibt sich neben dem Habitatverlust eine zunehmende Zergliederung von Landschaften. Es bilden sich Fortpflanzungsbarrieren für viele Arten, die durch diese Einengung ihre Genpools an Vitalität verlieren. Die mit der Bebauung verbundene **Versiegelung** des Bodens lässt Niederschläge schneller abfließen. Der Wasserhaushalt und die Luftzirkulationen werden stark verändert, was neben einer Veränderung des Mikroklimas auch Folgen für die Zusammensetzung der Ökosysteme haben muss.

8.2 Globale Umweltprobleme

Die oft unüberschaubaren Folgen menschlicher Eingriffe in die Natur zeigen sich in einigen „globalen Trends" mit tief greifenden Auswirkungen auf die gesamte Biosphäre.

Desertifikation
In den Trockengebieten der Erde kommt es durch langfristige Klimaveränderungen, durch die Abholzung der Wälder, die Überweidung und die Anlage von Tiefbrunnen verstärkt zur **Austrocknung, Versalzung** und **Erosion des Bodens**. Diese Desertifikation geht mit zunehmendem Verlust der Pflanzendecke und der davon abhängigen Tierwelt einher. Fehlende Bodenbedeckung beschleunigt wiederum die Prozesse der Wüstenbildung, sodass hier ein sich selbst verstärkendes Phänomen vorliegt.

Diversitätsverlust
Die Vielfalt der Lebensbedingungen in einem Ökosystem entscheidet über die Anzahl der ökologischen Nischen und über die Arten, die diese besiedeln können. Die größte Diversität besitzen tropische Regenwä-

der und Korallenriffe. Dort existieren sehr viele Arten mit jeweils relativ geringen Individuenzahlen.

Greift der Mensch in Ökosysteme ein, so wird meist die Struktur der Lebensbedingungen zugunsten weniger Arten, z. B. Kulturpflanzen, verändert. Ökosysteme mit geringer Diversität sind meist sehr instabil und ihnen fehlt die Fähigkeit zur Selbstregulation, was häufig zur **Massenvermehrung** von Schädlingspopulationen führt. Die Vernichtung ganzer Ökosysteme durch Abholzung oder Überfischung trägt zusätzlich zum **Aussterben** zahlreicher bedrohter Arten bei.

Die Globalisierung des Handels und der weltweite Tourismus haben zur Verbreitung von Pflanzen **(Neophyten)** und Tieren **(Neozoen)** in Gebiete beigetragen, in denen sie vorher nicht heimisch waren. Sie verdrängen durch ihre Konkurrenzkraft häufig einheimische Arten aus ihren ökologischen Nischen und verändern so das betreffende Ökosystem. Beispiele sind die Verbreitung der Kastanien-Miniermotte (vom Balkan) oder des Indischen Springkrauts in Deutschland.

Treibhauseffekt

Unter diesem Begriff fasst man alle Vorgänge der **globalen Erwärmung** der Erdatmosphäre zusammen. Die gegenwärtig beobachtete tendenzielle globale Erwärmung wird wahrscheinlich durch die vom Menschen verursachte CO_2- und Methanfreisetzung (Treibhausgase) zusätzlich stark gefördert oder sogar ausgelöst. Kohlenstoffdioxid und einige andere Stoffe besitzen die Eigenschaft, Wärmestrahlung zu absorbieren, sodass die Temperatur der Atmosphäre mit zunehmendem CO_2-Gehalt ebenfalls ansteigt. Eine verstärkte globale Erwärmung würde die Klimazonen verschieben, den Meeresspiegel durch Abschmelzen des polaren Eises erhöhen und so in relativ kurzer Zeit das gesamte ökologische Gefüge der Erde verändern.

Ozonloch

Die nur wenige Millimeter dicke Ozonschicht in der oberen Atmosphäre wird von der für Organismen schädlichen ultravioletten Strahlung der Sonne erzeugt und absorbiert gleichzeitig einen großen Teil davon. Mit den genaueren Messungen in den 1980er-Jahren wurde eine generelle Abnahme der Ozonschicht über dem Nord- und dem Südpol aber auch über einigen anderen Gebieten der Erde beobachtet (**Ozonloch**). Ursache könnte die Verbindung des reaktiven Ozons mit FCKW-Molekülen sein, die aus Spraydosen, defekten Gefrierschränken oder Pflanzenschutzmitteln freigesetzt wurden. Diese diffundieren sehr langsam in die höheren Schichten der Atmosphäre und katalysieren dort den Ozonzerfall. Die Abnahme der Ozonkonzentration ist gleichbedeutend mit einer Zunahme der schädlichen **UV-Strahlungsanteile** auf die Erdoberfläche und führt damit zu einer direkten Schädigung von tierischen und pflanzlichen Epidermisgeweben durch eine Erhöhung der Mutationsrate (z. B. Hautkrebs).

8.3 Umwelt- und Naturschutz

Die Erhaltung komplexer Ökosysteme und einer hohen Artendiversität liegt im elementaren Interesse der Gesellschaft, da der Mensch selbst nicht außerhalb der ökologischen Wirkungsbedingungen steht. Jeder Eingriff führt direkt oder indirekt zu einer Veränderung unserer eigenen Lebensbedingungen. Umwelt- und Naturschutz ist also gleichzeitig auch Schutz der Lebensgrundlagen der Menschheit.

Umweltschutz bedeutet dabei vor allem das Erkennen und Vermeiden oder Vermindern von Umweltgefahren durch geeignete Maßnahmen. In der Bundesrepublik Deutschland sind viele der bisher erkannten umweltrelevanten Prozesse gesetzlich geregelt. Es gibt z. B. Gesetze und Verordnungen für den Strahlenschutz, den Umgang mit Schadstoffen, die Einleitung von Abwässern, den Lärmschutz und die Wiederverwertung von Verpackungen und Konsumgütern.

Umweltschutz am Beispiel des Gewässerschutzes

Unter Gewässerschutz versteht man alle Maßnahmen zur Vermeidung oder Verminderung von Verunreinigungen der Flüsse, Seen und Meere und zur Erhaltung ihrer Selbstreinigungskraft.

Bei der biologischen **Selbstreinigung** eines Gewässers werden Verunreinigungen (z. B. durch Abwasser eingeleitete organische Substrate) von Mikroorganismen unter Sauerstoffverbrauch abgebaut. Die bei der sog. Mineralisation freigesetzten anorganischen Nährstoffe werden anschließend von fotoautotrophen Organismen verbraucht.

Die Zunahme der Wasserqualität im Zuge der Selbstreinigung kann durch verschiedene **Güteklassen** angegeben werden. Als Maß für den Grad der Verschmutzung eines Gewässers wird u. a. der biologische Sauerstoffbedarf **(BSB)** der Destruenten beim Abbau der organischen Substanzen verwendet.

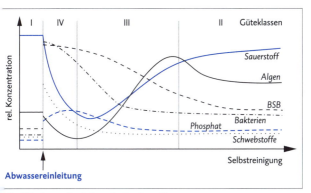

einige Kriterien zur Beurteilung der Gewässergüte

Die biologische Selbstreinigung kann bei zu hoher Wasserverschmutzung (Nährstoffeintrag durch Abwasser oder Düngerauswaschungen) gestört werden. Im Gegensatz zur natürlichen, über Jahrtausende ablaufenden Seenalterung (siehe S. 117) führt die starke **Eutrophierung** in der Sommerstagnation von stehenden Gewässern zu einem massenhaften Wachstum von Wasserpflanzen. Beim Abbau dieses Überschusses an organischer Substanz beginnen nun aufgrund von Sauerstoffmangel Fäulnisprozesse. Im Faulschlamm entstehen Methan, Ammoniak und Schwefelwasserstoff, die zu einem verstärkten Absterben von Organismen und dadurch zur Beschleunigung der Eutrophierungseffekte führen. Im Extremfall kann es zum vollständigen Verbrauch des Sauerstoffs, zum „**Umkippen**" des Gewässers, kommen.

Um den Eintrag eutrophierender Stoffe in Fließgewässer und Seen zu vermindern, werden z. B. kommunale Abwässer in dreistufigen **Kläranlagen** gereinigt:

Mechanische Reinigungsstufe: Große Partikel und Müll werden in dieser Stufe durch einen Grobrechen zurückgehalten. Ein Ölabscheider entfernt auf dem Wasser treibende Filme (Benzin, Heizöl, Fette). Durch Verringerung der Strömungsgeschwindigkeit setzen sich Sand und andere Schwebstoffe ab. Sedimentierter Faulschlamm wird entfernt und häufig zur Energiegewinnung genutzt.

Biologische Reinigungsstufe: Unter ständiger Sauerstoffzufuhr bauen Mikroorganismen die organischen Substanzen ab (Remineralisie-

rung). Im Nachklärbecken wird der hauptsächlich aus aeroben Mikroorganismen bestehende Belebtschlamm zurückgehalten und ebenfalls zur Energiegewinnung abgeführt.
- **Chemische Reinigungsstufe:** Die im biologisch gereinigten Wasser enthaltenen Phosphationen, die Hauptverursacher der Gewässereutrophierung, können in dieser Stufe chemisch ausgefällt werden. Bis zu 90 % des Phosphats lassen sich so als unlösliche Eisen- oder Aluminiumkomplexe aus dem Wasser entfernen.

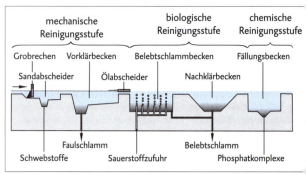

Kläranlage

Die Wasserqualität „umgekippter" Seen kann kurzfristig durch verschiedene Maßnahmen der **Seesanierung** oder der Gewässertherapie verbessert werden. Dazu gehören interne Sanierungsmethoden, wie die Sedimententfernung durch Ausbaggern und Belüftung (Sauerstoffzufuhr).

Umweltschutz in der Landwirtschaft
Mindestens ebenso wichtig wie die kurzfristige Beseitigung akuter Umweltverschmutzungen sind langfristige externe Maßnahmen zur Vermeidung weiterer Belastungen. Ein wichtiger Beitrag zum Umweltschutz ist daher der **ökologische Landbau**, bei dem z. B. die bekannten Gewässerbelastungen des konventionellen Landbaus weitgehend vermieden werden sollen. So wird der Nährstoffentzug bei der Ernte durch **Gründüngung** (Anbau und Unterpflügen z. B. von Leguminosen, siehe S. 114) oder durch organischen Dünger natürlicher Herkunft (Kompost, Stallmist) kompensiert. Vorteile der organischen Dünger bestehen darin

dass die Nährsalze nur langsam abgebaut und den Pflanzen kontinuierlich zur Verfügung gestellt werden. Zur kurzfristigen Überdüngung und Auswaschung der Nährsalze, wie es bei der Nutzung von synthetischem anorganischem Dünger der Fall sein kann, kommt es hier nicht.

Durch den sog. **integrierten Pflanzenschutz**, d. h. den gleichzeitigen und möglichst umweltschonenden Einsatz von technischen und biologischen Schädlingsbekämpfungsmaßnahmen, soll zusätzlich weitgehend auf Pestizide verzichtet werden. Dabei werden zunächst natürliche Schädlingsbegrenzungsmethoden ausgenutzt, z. B. durch die Auswahl von **widerstandsfähigen Sorten**, geeigneten **Fruchtfolgen** oder durch den Einsatz von **Nützlingen**. Erst wenn die Schädlinge so nicht ausreichend eingedämmt werden können, kommen chemische Verfahren zur Anwendung.

Der Nachteil der chemischen Schädlingsbekämpfungsmittel besteht, abgesehen von der Gefahr der Anreicherung von giftigen Rückständen in Nahrungsketten, vor allem darin, dass sie meist nicht gezielt, d. h. nicht artspezifisch wirken. Insektizide können auch von den natürlichen Feinden der Schädlinge aufgenommen werden, in deren Körper sich das Gift allmählich ansammelt, bis es die tödliche Dosis erreicht. Nach der 3. Volterra-Regel (siehe S. 108) kann es dann zu einer größeren **Massenvermehrung** der Schädlinge kommen, als es vor dem Gifteinsatz der Fall war.

Zudem kann ein längerer Einsatz von Insektiziden zur **Resistenzbildung** unter den Schädlingen führen. In jeder Population treten immer wieder spontane Mutationen auf, die gegen das Gift resistent sind (Mutation siehe (2) S. 30 ff.). Insektizide töten daher nicht alle Schädlinge und selektieren gezielt die resistenten Individuen. Daraus können sich dann ganze Populationen entwickeln, in denen alle Mitglieder gegen das Gift resistent sind.

Ein weiterer positiver Effekt des Verzichts auf synthetische Dünger und chemische Schädlingsbekämpfung ist die gegenüber der konventionellen Landwirtschaft **erhöhte Artenvielfalt** an Pflanzen und Tieren, die in den ökologisch bewirtschafteten Feldern und ihrer Umgebung zu finden sind. In Deutschland werden inzwischen mehr als 700 000 Hektar (4,1 % der landwirtschaftlichen Nutzfläche) nach entsprechenden EU-Richtlinien ökologisch bewirtschaftet.

Naturschutz

Ziel des Naturschutzes ist die Erhaltung intakter bzw. die Renaturierung geschädigter Ökosysteme. Dieses Ziel wird im „Gesetz über Naturschutz und Landschaftspflege" geregelt, auf dessen Basis die einzelnen Bundesländer ihre eigenen Gesetze und Verordnungen erlassen. Die gesetzlichen Bestimmungen umfassen den **Artenschutz** durch Aufstellung einer „Roten Liste" seltener und vom Aussterben bedrohter Arten, den **Objektschutz** von Naturdenkmälern (Einzelobjekte wie Bäume, Quellen, geologische Aufschlüsse usw.) und geschützten Landschaftsbestandteilen (Alleen, Parks usw.) sowie den **Gebietsschutz**.

Schutzgebiet	Merkmale	Beispiele
Naturschutzgebiete	kleinflächige Erhaltung naturnaher Biotope oder Biozönosen	ca. 5 000 in Deutschland mit > 1 Mio. ha (ca. 2,8 % der Gesamtfläche)
Landschaftsschutzgebiete	kleinflächige Erhaltung des besonderen Charakters einer Kulturlandschaft	533 in Bayern mit > 2 Mio. ha (ca. 30 % der Gesamtfläche)
Naturparks	großräumige Erhaltung von Kulturlandschaften	101 in Deutschland mit ca. 9 Mio. ha (ca. 25 % der Gesamtfläche)
Nationalparks	großräumige Erhaltung von Gebieten, die vom Menschen kaum beeinflusst sind und die sich selbst erhalten	15 in Deutschland mit ca. 1 Mio. ha
Biosphärenreservate	UNESCO-Programm: „Der Mensch und die Biosphäre"; großräumige Erhaltung von Natur- und Kulturlandschaften	15 in Deutschland mit ca. 1,6 Mio. ha

Stichwortverzeichnis

Absorptionsspektrum 39
Acetylcholin 65 ff.
Adaptation 79, 81
Adrenalin 90 ff.
Akkommodation 81
Aktionspotenzial 60 f.
Aktin 68 f.
aktives Zentrum 31
Aktivierungsenergie 29 f.
alkoholische Gärung 52 f.
Alkylphosphate 67
Allen-Regel 98
Allianz 104
Aminosäuren
• Abbau 54 f.
• Struktur 8
• Synthese 53 f.
Amyloplasten 19
Antennenpigmente 40
Artenschutz 126
Assimilation 35
Atmungskette 50 f.
ATP 14, 29 f., 43
Atropin 67
Auge 81
Axon 57

Bauchspeicheldrüse 85, 90 f.
Benthal 109
Bergmann-Regel 98
Biokatalyse 30
Biomembranen 15
Biosphäre 109
Biotop 95
Biozönose 95
Blattquerschnitt 37
blinder Fleck 81
Blutzuckerspiegel 90 f.

Boden 100, 119 f.
• ~arten 100 f.
• ~faktoren 96, 100 f.
Botulinumtoxin 67
Brownsche Molekularbewegung 23
BSB 122 f.

C_3-Pflanzen 37, 44
C_4-Pflanzen 37, 44
CAM-Pflanzen 45
Calvin-Zyklus 43 f.
Carotinoide 39
Carrierprotein 26 f.
chemiosmotischer Gradient 42 f.
Chemosynthese 46
Chlorophyll 38 f.
Chloroplasten 19
Cholinesterase 65, 67
Chromoplasten 19
Citrat-Zyklus 48 ff.
CO_2-Fixierung 43 ff.
Coenzyme 31
Cofaktoren 31
Cortisol 92
Cosubstrate 31
Curare 67

Dendrit 57
Denitrifikation 115
Depolarisation 61
Deplasmolyse 24 f.
Desaminierung 54
Desertifikation 120
Destruenten 111 f.
Diabetes 90
Dictyosom 17 f.
Diffusion 23 f.
• erleichterte 26

Stichwortverzeichnis

Disaccharide 11
Dissimilation 35
Distress 92
Diversitätsverlust 120 f.
Drogen 66
Dunkelreaktion 43 ff.

Elektronenmikroskop 2
Elektronentransportkette 42 f.
Emissionen 119
Endodermis 36
endoplasmatisches Retikulum 17
Endosymbiontentheorie 5 f.
Endoxidation 50 f.
Endozytose 27
energetische Kopplung 29 f.
Energiedurchfluss 112 f.
Energieerhaltungssatz 28
Enthalpie 28
Entropie 28
Enzyme 30 ff.
Enzym-Substrat-Komplex 31
Enzymhemmung 33 f.
Enzymkinetik 32 f.
Epilimnion 110
Epistasismus 105
EPSP 64
Erosion 119
Erregung 59
Erregungsleitung 60 ff.
- Richtung 62
- kontinuierliche 62 f.
- saltatorische 63
Eukaryoten 5
Eustress 92
Eutrophierung 118, 123
Euzyte 4 f.
Exozytose 27

Farbwahrnehmung 82
Faktoren
- abiotische 95, 96 ff.
- biotische 95, 103 ff.
Fette, Struktur 13

Fettstoffwechsel 55 f.
Fettsäuren 13
- Synthese 55 f.
Fight-or-flight-Syndrom 92
Fließgleichgewicht 28
Fluid-Mosaic-Modell 15
Fortpflanzungsstrategien 107
Fotolyse 42
Fotophosphorylierung 43
Fotorezeptoren 82
Fotosynthese 36 ff.
- Abhängigkeit von Außenfaktoren 36 ff.
- Ablauf 40 ff.
- Pigmente 38
Fotosysteme 40 ff.
Frequenzkodierung 62

Gärungen 52 f.
Gedächtnis 72
Gehirn 71
Geißeln 21
gelber Fleck 81
Gewässer
- ~regulation 119
- ~schutz 122 ff.
- Güteklassen 122
Gibbs-Helmholtz-Gleichung 28
Gleit-Filament-Modell 68 f.
Glucagon 90 f.
Glycolyse 48 f.
Glykokalyx 15
Golgi-Apparat 17 f.
Gründüngung 124

Habitat 105
Halophyten 101
Harnstoffzyklus 55
Hemmung
- allosterische 34
- irreversible 34
- kompetitive 33 f.
Homöostase 87
Hormone 85 ff.

Hormondrüsen 85
Hormon-Rezeptor-Komplex 86
Humus 101
Hydrophyten 99
Hygrophyten 99
Hyperpolarisation 61
Hypolimnion 110
Hypophyse 71, 85, 90 ff.
Hypothalamus 71, 90 f.

Indikatororganismen 101
Insektizide 120, 125
Insulin 90 f.
Integrierter Pflanzenschutz 125
Interzellularen 20
Ionenkanäle 26
IPSP 64

Kläranlagen 123 f.
Klimafaktoren 96
Klimaxstadium 117
Kohlenhydrate, Struktur 10
Kohlenstoff
 Bedeutung 7
 ~kreislauf 113 f.
Kommensalismus 104
Kompartiment 5, 16 ff.
Konditionierung 74
Konkurrenz 103
Konkurrenzausschlussprinzip 103
Konsumenten 111 f.
r-Strategen 107
Kulturlandschaft 118
Kurztagpflanzen 97

Lactodectrin 67
Lähmungen 67
Langtagpflanzen 97
Leitbündel 36
Leukoplasten 19
Licht 37 f., 39, 82, 96 f.
 ~blätter 96
 ~kompensationspunkt 96 f.
 ~mikroskop 2

- ~reaktion 41 ff.
- ~sättigung 97
- ~sinnesorgane, Typen 79 f.
Lipide, Struktur 13
Litoral 110
Lysosomen 18, 27

Massenvermehrung 121, 125
Medikamente 66
Meiose 23
Membranpotenzial 59
Mesophyten 99
Metalimnion 110 f.
Michaelis-Menten-Konstante 33
Mikrotubuli 21
Mikrovilli 21
Milchsäuregärung 52
Minimumfaktor 102
Mitochondrium 18
Mitose 22
Monosaccharide 11
Muskel
- Aufbau 68
- Funktion 52, 68 f.
Mutualismus 104
Myelinscheide 58
Myosin 68 f.

NAD(P)H 14, 31, 40 ff.
Nahrungsbeziehungen 112 f.
Nastie 94
Natrium-Kalium-Pumpe 60 f.
Naturschutz 126
Nebennierenmark 90 f.
Neophyten, Neozoen 121
Nerven 57, 71
Nervensystem 70 ff.
- Erkrankungen 76 f.
- vegetatives 75, 90 f.
- zentrales (ZNS) 71
Netzhaut 81 f.
Neuron 57 f.
Neurosen 77
Nikotin 67

Stichwortverzeichnis

Nitrifikation 46, 115
Nitratreduktion 53 f.
Noradrenalin 90 f., 92
Nukleoli 17
Nukleotide, Struktur 14

Oberflächenvergrößerung 3
Ohr 84
ökologische Nische 103
ökologische Potenz 102
ökologischer Landbau 124
ökologisches Gleichgewicht 116
Ökosysteme 95 ff.
Ökotypen 99 f.
Osmose 23
oxidative Decarboxylierung 49 f.
Ozonloch 121 f.

Parasitismus 104
Parasitoide 104
Parasympathikus 75 f., 90 f.
Pasteur-Effekt 52
Pelagial 110
Peptidbindung 8 f.
Peptidhormone 86 f.
Pflanzenschutz, integrierter 124
Phospholipide 13
Phosphorylierung 29, 51
physiologische Potenz 102
Phytohormone 93
Pionierorganismen 116
Plasmalemma 16
Plasmodesmen 20
Plasmolyse 24 f.
Plastiden 19
Polysaccharide 12
Population 105
- ~sdichte 107
- dynamik 105 ff.
- ~swachstum 106
Porenproteine 26
Präferenzbereich 102
Produzenten 111 f.
Profundal 109

Prokaryoten 3 f.
Proteine, Struktur 8
protonenmotorische Kraft 42 f.
Prozyte 3 f.
Psychosen 76 f.

Ranvierscher Schnürring 58
Räuber-Beute-Verhältnis 108
Reaktionsenthalpie 28
Reaktionsspezifität 30 f.
Reaktionszentrum 40
Reflexe 74
Refraktärzeit 62
Regelkreis 87 f.
Reiz-Reaktions-Kette 74
Repolarisation 61
Resistenzbildung 125
Resorption 47
respiratorischer Quotient 48
Rezeptormoleküle 66, 86
Rezeptorpotenzial 78
Rezeptorzellen 78 f.
RGT-Regel 32 f.
Rhodopsin 83
Ribosomen 16
r-Strategen 107
Rückenmark 73
Rückkopplung 88
Ruhepotenzial 59 f.

Sarkomer 68 f.
sarkoplasmatisches Retikulum 68 f.
Saurer Regen 119
Schädlingsbekämpfung 125
Schattenblätter 96
Schattenpflanzen 37 f., 96
Schilddrüse 85, 88 f., 90 f.
Schlüssel-Schloss-Prinzip 31
Schwannsche Zelle 58
second messenger 87
See
- Alterung 117
- ~sanierung 124
- Struktur 109 ff.

Sehfarbstoff 83
Sehvorgang 83
Sehzellen 83 f.
Sekundärstoffe 56
Selbstregulation 116
Selbstreinigung 122
Signalkodierung 62
Sinnesorgane 81, 84
Sinneszelle 78 f.
• primäre 78
• sekundäre 78
Sommerstagnation 110 f.
Sonnenpflanzen 96 f.
Sprossachse 36
Spaltöffnungen 36 f.
Stäbchen 82
Steroidhormone 86
Stoffkreisläufe 113
Stress 92
Stressoren 92
Stickstoff
• ~bindung 114
• ~kreislauf 114 f.
Substratkonzentration 33
Substratspezifität 31
Sukkulenten 100
Sukzession 116 f.
Summation 64
Symbiose 104
Sympathikus 75 f., 90 f.
Synapsen 63 f.
• chemische 64 f.
• elektrische 64
• motorische 68
Synapsengifte 67
Systeme, offene 28

Taxien 93
Temperatur 32, 38., 97 ff.
Tetanustoxin 67
Thyroxin 88 f.
Toleranzbereich 102
Tonoplast 20
Transaminierung 53 f., 114

Translokatoren 26
Transmitter 64 ff.
Transpiration 36 f.
Transportproteine 25 f.
Treibhauseffekt 119, 121
Trophieebene 111 f.
Tropismus 94
Tüpfel 20
Turgor 25

Umweltkapazität 106
Umweltschutz 122 ff.

Vakuolen 20
Verdauung 46 f.
• intrazelluläre 27
Versieglung 120
Vesikel 18, 27, 65
Volterra-Regeln 108

Wachstum
• exponentielles 106
• logistisches 106
Wasser 7, 99 f., 118 f.
• ~qualität 122 f.
Winterschlaf, -ruhe 98
Winterstagnation 110 f.
Wirkungsspezifität 31
Wurzeln 36

Xerophyten 99 f.

Zapfen 82
Zeigerpflanzen 101
Zellatmung 48 ff.
Zelle 1
Zellkern 16 f.
Zellteilung 22 f.
Zellwand 20 f.
Zellzyklus 22 f.
Zentralnervensystem (ZNS) 71
Zirkulation 110 f.
Zytoplasma 16
Zytoskelett 21

Ihre Meinung ist uns wichtig!

Ihre Anregungen sind uns immer willkommen. Bitte informieren Sie uns mit diesem Schein über Ihre Verbesserungsvorschläge!

Titel-Nr.	Seite	Vorschlag

Bitte hier abtrennen

Lernen • Wissen • Zukunft

STARK

20-V1T_NW

Bitte ausfüllen und im frankierten Umschlag an uns einsenden. Für Fensterkuverts geeignet.

**STARK Verlag
Postfach 1852
85318 Freising**

Zutreffendes bitte ankreuzen! Die Absenderin/der Absender ist:

- ☐ Lehrer/in in den Klassenstufen:
- ☐ Fachbetreuer/in
  Fächer:
- ☐ Seminarlehrer/in
  Fächer:
- ☐ Regierungsfachberater/in
  Fächer:
- ☐ Oberstufenbetreuer/in
- ☐ Schulleiter/in

- ☐ Referendar/in, Termin 2. Staatsexamen:
- ☐ Leiter/in Lehrerbibliothek
- ☐ Leiter/in Schülerbibliothek
- ☐ Sekretariat
- ☐ Eltern
- ☐ Schüler/in, Klasse:
- ☐ Sonstiges:

Kennen Sie Ihre Kundennummer? Bitte hier eintragen.

Absender (Bitte in Druckbuchstaben!)

Name/Vorname

Straße/Nr.

PLZ/Ort/Ortsteil

Telefon privat   Geburtsjahr

E-Mail

Schule/Schulstempel (Bitte immer angeben!)

Unterrichtsfächer: (Bei Lehrkräften!)

Bitte hier abtrennen

Sicher durch das Abitur!

Klare Fakten, systematische Methoden, prägnante Beispiele sowie Übungsaufgaben auf Abiturniveau mit Lösungen.

Mathematik

Analysis Pflichtteil – Baden-W.	Best.-Nr. 84001
Analysis Wahlteil – Baden-W.	Best.-Nr. 84002
Analytische Geometrie Pflicht- und Wahlteil – Baden-W.	Best.-Nr. 84003
Analysis – LK (G9)	Best.-Nr. 940021
Analysis – gk (G9)	Best.-Nr. 94001
Analysis mit CAS	Best.-Nr. 540021
Analysis – Bayern (G8)	Best.-Nr. 9400218
Analytische Geometrie und lineare Algebra 1 (G9)	Best.-Nr. 94005
Analytische Geometrie und lineare Algebra 2 (G9)	Best.-Nr. 54008
Analytische Geometrie (G8)	Best.-Nr. 940051
Analytische Geometrie (G9)	Best.-Nr. 40075
Stochastik – LK (G9)	Best.-Nr. 94003
Stochastik – gk (G9)	Best.-Nr. 94007
Stochastik (G8)	Best.-Nr. 94009
Klausuren Mathematik Oberstufe (G8)	Best.-Nr. 900461
Kompakt-Wissen G8-Abitur – Bayern Kompendium Mathematik Analysis · Stochastik · Geometrie	Best.-Nr. 900152
Kompakt-Wissen Abitur Analysis	Best.-Nr. 900151
Kompakt-Wissen Abitur Analytische Geometrie	Best.-Nr. 900251
Kompakt-Wissen Abitur Wahrscheinlichkeitsrechnung und Statistik	Best.-Nr. 900351

Physik

Elektrisches und magnetisches Feld (LK)	Best.-Nr. 94308
Elektromagnetische Schwingungen und Wellen (LK)	Best.-Nr. 94309
Atom- und Quantenphysik (LK)	Best.-Nr. 943010
Kernphysik (LK)	Best.-Nr. 94305
Mechanik	Best.-Nr. 94307
Elektromagnetische Felder, Schwingungen und Wellen · Photonen – gk	Best.-Nr. 94321
Quanten-, Atom- und Kernphysik – gk	Best.-Nr. 94322
Abitur-Wissen Elektrodynamik	Best.-Nr. 94331
Kompakt-Wissen Abitur Physik 1 – Mechanik, Wärmelehre, Relativitätstheorie	Best.-Nr. 943012
Kompakt-Wissen Abitur Physik 2 – Elektrizität, Magnetismus und Wellenoptik	Best.-Nr. 943013
Kompakt-Wissen Abitur Physik 3 Quanten, Kerne und Atome	Best.-Nr. 943011

Deutsch

Dramen analysieren und interpretieren	Best.-Nr. 944092
Erörtern und Sachtexte analysieren	Best.-Nr. 944094
Gedichte analysieren und interpretieren	Best.-Nr. 944091
Epische Texte analysieren und interpretieren	Best.-Nr. 944093
Abitur-Wissen Erörtern und Sachtexte analysieren	Best.-Nr. 944064
Abitur-Wissen Textinterpretation Lyrik, Drama, Epik	Best.-Nr. 944061
Abitur-Wissen Deutsche Literaturgeschichte	Best.-Nr. 94405
Abitur-Wissen Prüfungswissen Oberstufe	Best.-Nr. 94400
Kompakt-Wissen Rechtschreibung	Best.-Nr. 944065

Sprachenzertifikat

Sprachenzertifikat Englisch Niveau A 2 mit Audio-CD	Best.-Nr. 105552
Sprachenzertifikat Englisch Niveau B 1 mit Audio-CD	Best.-Nr. 105550

Englisch

Übersetzung	Best.-Nr. 82454
Grammatikübung	Best.-Nr. 82452
Themenwortschatz	Best.-Nr. 82451
Grundlagen, Arbeitstechniken und Methoden mit CD	Best.-Nr. 944601
Sprachmittlung	Best.-Nr. 94469
Sprechfertigkeit mit CD	Best.-Nr. 94467
Klausuren Englisch Oberstufe (G8)	Best.-Nr. 905113
Abitur-Wissen Landeskunde GB	Best.-Nr. 94461
Abitur-Wissen Landeskunde USA	Best.-Nr. 94463
Abitur-Wissen Englische Literaturgeschichte	Best.-Nr. 94465
Kompakt-Wissen Abitur Themenwortschatz	Best.-Nr. 90462
Kompakt-Wissen Abitur Landeskunde/Literatur	Best.-Nr. 90463
Kompakt-Wissen Kurzgrammatik	Best.-Nr. 90461
Kompakt-Wissen Grundwortschatz	Best.-Nr. 90464

(Bitte blättern Sie um)

Chemie

Chemie 1 – Baden-Württemberg
Gleichgewichte · Energetik · Säuren und Basen
Elektrochemie .... Best.-Nr. 84731

Chemie 2 – Baden-Württemberg
Naturstoffe · Aromatische Verbindungen
Kunststoffe .... Best.-Nr. 84732

Chemie 1 – Bayern (G8) .... Best.-Nr. 947418

Chemie 1 – Bayern LK K12 (G9),
Analytik · Kernchemie ·
Kohlenwasserstoffe.................... Best.-Nr. 94731

Chemie 2 – Bayern LK K13 (G9),
Biomoleküle · Stoffwechsel · Organische
Chemie des Alltags .... Best.-Nr. 94732

Chemie 1 – Bayern gk K12 (G9),
Natürliche und synthetische Kohlenstoff-
verbindungen .... Best.-Nr. 94741

Chemie 2 – Bayern gk K13 (G9),
Biokatalyse und Stoffwechsel · Umweltschutz
und Alltagschemie .... Best.-Nr. 94742

Methodentraining Chemie .... Best.-Nr. 947308
Rechnen in der Chemie .... Best.-Nr. 84735

Abitur-Wissen
Protonen und Elektronen .... Best.-Nr. 947301

Abitur-Wissen Struktur der
Materie und Kernchemie .... Best.-Nr. 947303

Abitur-Wissen Stoffklassen
organischer Verbindungen .... Best.-Nr. 947304

Abitur-Wissen Biomoleküle .... Best.-Nr. 947305

Abitur-Wissen Biokatalyse
und Stoffwechselwege .... Best.-Nr. 947306

Abitur-Wissen Chemie am Menschen –
Chemie im Menschen................. Best.-Nr. 947307

Kompakt-Wissen Abitur Chemie
Organische Stoffklassen
Natur-, Kunst- und Farbstoffe ..... Best.-Nr. 947309

Kompakt-Wissen Chemie Abitur
Anorganische Chemie,
Energetik, Kinetik, Kernchemie... Best.-Nr. 947310

Erdkunde

Geographie – Baden-Württemb..... Best.-Nr. 84904
Geographie 1 – Bayern (G8) .... Best.-Nr. 94911
Geographie 2 – Bayern (G8) .... Best.-Nr. 94912

Erdkunde – Atmosphäre · Relief und
Hydrosphäre · Wirtschaftsprozesse
und -strukturen · Verstädterung ... Best.-Nr. 94909

Abitur-Wissen
GUS-Staaten/Russland .... Best.-Nr. 94908

Abitur-Wissen Entwicklungsländer Best.-Nr. 94902

Abitur-Wissen Die USA .... Best.-Nr. 94903
Abitur-Wissen Europa .... Best.-Nr. 94905

Abitur-Wissen Der asiatisch-
pazifische Raum .... Best.-Nr. 94906

Kompakt-Wissen Abitur
Erdkunde Allgemeine Geografie ·
Regionale Geografie .... Best.-Nr. 949010

Lexikon Erdkunde .... Best.-Nr. 94904

Biologie

Biologie 1 – Baden-Württemberg,
Molekular-und Zellbiologie · Genetik ·
Neuro- und Immunbiologie... Best.-Nr. 94701

Biologie 2 – Baden-Württemberg
Stammgeschichtliche Entwicklung
des Lebens · Biotechnologie .... Best.-Nr. 94702

Biologie 1 – Bayern (G8), Strukturelle und
energetische Grundlagen des Lebens,
Genetik und Gentechnik .... Best.-Nr. 947018

Biologie 2 – Bayern (G8), Evolution · Der Mensch
als Umweltfaktor – Populationsdynamik und
Biodiversität · Verhaltensbiologie ... Best.-Nr. 947028

Biologie 1 – Bayern LK K12 (G9)
Genetik · Stoffwechsel · Ökologie... Best.-Nr. 94701

Biologie 2 – Bayern LK K13 (G9)
Verhaltensbiologie · Evolution...... Best.-Nr. 94702

Biologie 1 – Bayern gk K12 (G9)
Genetik · Stoffwechsel · Ökologie ... Best.-Nr. 94715

Biologie 2 – Bayern gk K13 (G9)
Verhaltensbiologie · Evolution .... Best.-Nr. 94716

Biologie 1 – NRW, Zellbiologie, Genetik, Informations-
verarbeitung, Ökologie .... Best.-Nr. 54701

Biologie 2 – NRW, Evolution,
Angewandte Genetik .... Best.-Nr. 54702

Chemie für den LK Biologie .... Best.-Nr. 54705
Methodentraining Biologie .... Best.-Nr. 94710
Abitur-Wissen Genetik .... Best.-Nr. 94703
Abitur-Wissen Neurobiologie ..... Best.-Nr. 94705
Abitur-Wissen Verhaltensbiologie Best.-Nr. 94706
Abitur-Wissen Evolution .... Best.-Nr. 94707
Abitur-Wissen Ökologie .... Best.-Nr. 94708

Abitur-Wissen
Zell- und Entwicklungsbiologie .... Best.-Nr. 94709

Kompakt-Wissen Abitur Biologie
Zellbiologie · Genetik · Neuro- und Immunbiologie
Evolution – Baden-W. .... Best.-Nr. 84712

Kompakt-Wissen Abitur Biologie
Zellen und Stoffwechsel · Nerven
Sinne und Hormone · Ökologie .... Best.-Nr. 94712

Kompakt-Wissen Abitur Biologie
Genetik und Entwicklung Immunbiologie ·
Evolution · Verhalten .... Best.-Nr. 94713

Kompakt-Wissen Biologie –
Fachbegriffe der Biologie .... Best.-Nr. 94714

Bestellungen bitte direkt an:
STARK Verlagsgesellschaft mbH & Co. KG · Postfach 1852 · D-85318 Freising
Telefon 0180 3 179000* · Telefax 0180 3 179001*
www.stark-verlag.de · info@stark-verlag.de
*9 Cent pro Min. aus dem deutschen Festnetz, Mobilfunk bis 42 Cent pro Min.
Aus dem Mobilfunknetz wählen Sie die Festnetznummer: 08167 9573-0

Lernen • Wissen • Zukunft

STARK